DÉCRET DU 4 JUILLET 1853,

PORTANT

RÈGLEMENT SUR LA POLICE

DE LA PÊCHE MARITIME CÔTIÈRE

DANS

L'ARRONDISSEMENT DE BREST.

PARIS.

IMPRIMERIE IMPÉRIALE.

M DCCC LIV.

SOMMAIRE DU DÉCRET

DU 4 JUILLET 1853,

PORTANT RÈGLEMENT

SUR LA PÊCHE MARITIME CÔTIÈRE

DANS

L'ARRONDISSEMENT DE BREST.

Pages.

FIN DU SOMMAIRE DU DÉCRET.

Au palais de Saint-Cloud, 4 juillet 1853.

NAPOLÉON, par la grâce de Dieu et la volonté nationale, EMPEREUR DES FRANÇAIS,

A tous présents et à venir, SALUT.

Vu l'article 3 de la loi du 9 janvier 1852 sur la pêche côtière;

Vu l'article 1er de la loi du 21 février 1852 sur la pêche et la domanialité publique maritimes,

Sur le rapport de notre ministre secrétaire d'État au département de la marine et des colonies,

Le conseil d'amirauté entendu,

AVONS DÉCRÉTÉ et DÉCRÉTONS ce qui suit:

ART. 1er. Le règlement dont la teneur suit sera exécuté dans l'étendue de la circonscription du 2e arrondissement maritime.

TITRE PREMIER.

POLICE DE LA PÊCHE MARITIME CÔTIÈRE.

Dispositions préliminaires.

ARTICLE PREMIER.

La police supérieure de la pêche côtière, tant à la mer, le long des côtes, que dans la partie des fleuves, rivières et canaux où les eaux sont salées, est exercée, dans l'arrondissement de Brest, par le préfet maritime. Police de la pêche. Par qui exercée.

Cette attribution est dévolue, sous l'autorité du préfet maritime, au commissaire général, dans le sous-arrondissement de Brest, et au chef du service de la marine, dans le sous-arrondissement de Saint-Servan.

Sous les ordres immédiats de ces deux administrateurs supérieurs, les commissaires de l'inscription maritime sont spécialement chargés d'assurer l'exécution des lois et règlements concernant la pêche côtière.

Dans ces fonctions, les commissaires de l'inscription maritime sont secondés par les officiers et officiers-mariniers commandant les bâtiments et les embarcations garde-pêches, les inspecteurs des pêches maritimes, les syndics des gens de mer, les prud'hommes pêcheurs, les gardes-jurés de la marine, les gardes maritimes et les gendarmes de la marine.

La police des faits de vente, transport ou colportage du frai, du poisson assimilé au frai, du poisson et du coquillage n'atteignant pas les dimensions prescrites, est exercée, concurremment avec les officiers et agents mentionnés ci-dessus, par les officiers de police judiciaire, les agents municipaux assermentés, les employés des contributions indirectes et des octrois.

Les officiers et maîtres de port de commerce sont tenus de déférer aux ordres ou réquisitions des commissaires de l'inscription maritime concernant la police des pêches.

ART. 2.

Suspension de la pêche en temps de guerre maritime.

En temps de guerre maritime, la pêche ne peut être interdite, suspendue ou limitée que par l'ordre du ministre de la marine.

Toutefois, en cas d'urgence, le préfet maritime exerce le même droit, sauf à rendre compte immédiatement au ministre de ses décisions.

ART. 3.

Inspecteurs des pêches.

Il peut être établi des inspecteurs des pêches dans tous les quartiers où la nécessité s'en fait sentir.

Ces agents, choisis de préférence parmi les anciens officiers et les anciens administrateurs de la marine, sont nommés par le ministre.

ART. 4.

Subordination des inspecteurs des pêches.

Les inspecteurs des pêches sont placés sous les ordres directs des commissaires de l'inscription maritime.

ART. 5.

Institution des prud'hommes pêcheurs.

Il peut être établi des prud'hommes pêcheurs dans les quartiers où la pêche a de l'importance.

ART. 6.

Nomination des prud'hommes pêcheurs.

Ces prud'hommes sont nommés, sur la proposition des commissaires de l'inscription maritime, dans le sous-arrondissement de Brest, par le préfet maritime, et, dans le sous-arrondissement de Saint-Servan, par le chef du service de la marine en ce port.

ART. 7.

Les prud'hommes sont choisis parmi les anciens patrons de bateau, les maîtres au cabotage, les capitaines au long cours, les armateurs de bateaux de pêche, les anciens administrateurs ou officiers de la marine possédant des connaissances spéciales en matière de pêche.

Choix à faire pour les nominations de prud'hommes pêcheurs.

ART. 8.

Le nombre des prud'hommes pêcheurs est déterminé par le préfet maritime ou le chef du service de la marine, suivant l'importance de la pêche dans les localités où ils sont établis.

Nombre de ces agents.

ART. 9.

Ils concourent à faire exécuter les lois et règlements concernant la pêche côtière et à assurer la répression des contraventions y relatives.

Ils recueillent en outre les renseignements de nature à intéresser cette industrie, et les communiquent aux commissaires de l'inscription maritime sous l'autorité desquels ils sont placés.

Attributions des prud'hommes pêcheurs.

ART. 10.

Les fonctions de prud'hommes pêcheurs sont gratuites.

Le temps passé dans l'exercice de ces fonctions compte comme service en paix sur les bâtiments de la flotte, et donne droit à la pension dite *demi-solde*, pourvu que le titulaire réunisse au moins deux cents mois de navigation ou ait été blessé au service de l'État.

Avantage attaché à l'exercice des fonctions de prud'hommes pêcheurs.

ART. 11.

Il peut être établi des gardes-jurés dans chaque quartier, sous-quartier et syndicat.

Le nombre de ces agents est fixé par le préfet maritime ou par le chef du service de la marine à Saint-Servan, suivant les nécessités du service.

Établissement des gardes-jurés.

ART. 12.

Les gardes-jurés sont choisis parmi les patrons de bateau de pêche ayant au moins vingt-quatre mois d'exercice en cette qualité, sachant lire et écrire, âgés de vingt-cinq ans accomplis, et réunissant deux années et plus de services à l'État.

Choix des gardes-jurés.

ART. 13.

Nomination des gardes-jurés.

Les gardes-jurés sont nommés, dans le sous-arrondissement de Brest, par le préfet maritime, et, dans le sous-arrondissement de Saint-Servan, par le chef du service de la marine.

Ces nominations portent exclusivement sur les candidats présentés, soit par les pêcheurs, soit par les administrateurs ou agents de la marine, dans les formes ci-après indiquées.

ART. 14.

Élection des candidats à l'emploi de gardes-jurés.

Les patrons pêcheurs sont annuellement convoqués et présidés par le commissaire de l'inscription maritime, l'administrateur de la marine ou le syndic des gens de mer, suivant les localités, à l'effet de procéder à l'élection, par scrutin de liste, des candidats à l'emploi de garde-juré.

Chaque liste comprend un nombre de candidats double de celui des places à donner.

L'administrateur ou l'agent de la marine qui a convoqué les pêcheurs et les deux plus anciens patrons de bateau, sachant lire et écrire, composent le bureau et procèdent au dépouillement des votes.

Les résultats de cette opération sont constatés dans un procès-verbal signé par le président et par les membres du bureau.

ART. 15.

Élections des gardes-jurés par les communautés de pêcheurs.

Dans les localités où il existe des communautés ou des associations de pêcheurs spéciales à certaines pêches, ces communautés ou associations élisent à part leurs gardes-jurés, en procédant suivant le mode ci-dessus indiqué.

ART. 16.

Liste à dresser par le président.

Le président du bureau dresse, dans les vingt-quatre heures, une seconde liste de candidats à l'emploi de garde-juré.

Cette liste, dont la composition est laissée au choix du président du bureau, présente, comme l'autre, un nombre de candidats double de celui des emplois disponibles.

Après avoir été annotés des observations du commissaire du quartier, les deux listes et le procès-verbal d'élection sont transmis, suivant qu'il y a lieu, soit au préfet maritime, par l'intermédiaire du commissaire général, soit au chef du service de la marine à Saint-Servan, qui nomment définitivement les gardes-jurés, en les choisissant sur l'une ou l'autre liste.

Toutefois, la moitié au moins de ces agents doit être prise parmi les candidats élus par les pêcheurs réunis ou non en communautés.

ART. 17.

Désignation des candidats par l'administrateur du quartier.

Si les patrons de bateau réunis en assemblée générale ne s'accordent pas pour élire des gardes-jurés, l'administrateur du quartier propose les patrons pêcheurs qu'il juge les plus capables de remplir ces fonctions.

Il en est ainsi lorsqu'avant l'époque fixée pour les élections, il y a lieu de pourvoir au remplacement des gardes-jurés en exercice.

ART. 18.

Durée des fonctions des gardes-jurés.

Les gardes-jurés sont nommés pour un an, et sont indéfiniment rééligibles. Ils reçoivent du préfet maritime ou du chef du service de la marine à Saint-Servan, suivant le cas, une commission qui est enregistrée au greffe du tribunal de 1re instance dans le ressort duquel ils sont domiciliés.

Avant d'entrer en fonctions, ils prêtent, devant ce tribunal, le serment ci-après :

« Je jure de remplir avec fidélité les fonctions de garde-juré; « de faire exécuter ponctuellement les règlements relatifs à la « pêche côtière; de me conformer aux ordres qui me seront don- « nés par mes supérieurs, et de signaler les contraventions aux « règlements, dans l'intérêt de tous, et sans haine ni ménage- « ment pour les contrevenants. »

ART. 19.

Les fonctions de garde-juré sont compatibles avec la profession de pêcheur.

Les gardes-jurés peuvent continuer à se livrer à l'industrie de la pêche comme les autres patrons de bateau.

Ils sont exempts de tout autre service public pendant la durée de leurs fonctions.

ART. 20.

De quelle autorité ces agents relèvent.

Les gardes-jurés sont placés sous les ordres immédiats de l'inspecteur des pêches, et sous ceux des syndics, dans les localités où il n'existe pas d'inspecteurs des pêches.

ART. 21.

Attributions des gardes-jurés.

Ils concourent à faire exécuter les lois et règlements sur la pêche côtière, et à provoquer la répression des contraventions y relatives.

Ils signalent à l'inspecteur des pêches ou, à défaut, au syndic les observations qu'ils ont faites dans l'intérêt de la pêche.

ART. 22.

Rétribution des gardes-jurés.

Les gardes-jurés élus par les communautés ou associations de pêcheurs reçoivent, sur les caisses particulières de ces associations, une indemnité dont elles fixent le chiffre, et qui ne peut, en aucun cas, excéder vingt francs par mois.

Les fonctions des autres gardes-jurés sont gratuites.

Toutefois, lorsqu'ils sont détournés de l'exercice de leur industrie, dans l'intérêt des pêcheurs et sur leur demande, ils reçoivent une indemnité de trois francs par jour.

La même indemnité leur est allouée lorsqu'ils sont déplacés sur l'ordre du commissaire de l'inscription maritime et dans l'intérêt du service. Ils touchent aussi, en ce cas, des frais de route à raison de 1 fr. 50 cent. par myriamètre.

ART. 23.

Les fonctions de garde-juré sont assimilées au service à l'État.

Le temps passé dans l'exercice des fonctions de garde-juré est compté comme service à l'État, en paix.

Toutefois, les gardes-jurés ne jouissent de cet avantage que lorsqu'ils l'ont mérité par leur zèle et leur bonne conduite.

ART. 24.

Rapport sur la conduite des gardes-jurés.

Chaque année, au moment où les gardes-jurés cessent leurs fonctions, l'inspecteur des pêches ou, à défaut, le syndic adresse au commissaire du quartier un rapport sur la conduite de ces agents.

Ce rapport est immédiatement transmis, soit au préfet maritime, par l'intermédiaire du commissaire général, soit au chef du service de la marine à Saint-Servan, qui décident si les gardes-jurés ont acquis des droits à la faveur accordée par l'article précédent.

Il est pris note de cette décision sur la matricule, à l'article de chacun de ces agents.

ART. 25.

Gardes-jurés spéciaux.

Les communautés ou associations de pêcheurs peuvent nommer des gardes-jurés exclusivement affectés à la surveillance permanente des parcs à huîtres ou à moules et des autres établissements de pêcheries.

Ces agents sont élus comme les gardes-jurés des pêches, mais séparément.

Les communautés qui les emploient leur allouent un traitement annuel dont elles déterminent la quotité.

Ils ne participent d'ailleurs à aucun des avantages stipulés en faveur des autres gardes-jurés; mais, comme eux, ils ont droit au cinquième du produit des amendes et des confiscations prononcées par suite de leur vigilance.

ART. 26.

Récompense honorifique accordée aux gardes-jurés.

Les gardes-jurés non rétribués par les communautés ou associations de pêcheurs reçoivent du département de la marine, après dix années consécutives d'exercice irréprochable de leurs fonctions, une médaille en argent portant, d'un côté, les mots : *Service des gardes-jurés*, et de l'autre, ceux-ci : *Témoignage de satisfaction*.

Cette médaille est portée suspendue à un ruban bleu azur.

ART. 27.

Mesure disciplinaire applicable aux prud'hommes pêcheurs et aux gardes-jurés.

Les prud'hommes pêcheurs et les gardes-jurés dont la conduite donne des sujets de plaintes sont suspendus ou révoqués de leurs fonctions par le préfet maritime ou le chef du service de la marine à Saint-Servan, sur le rapport des commissaires de l'inscription maritime.

ART. 28.

Devoirs des gendarmes de la marine au sujet de la pêche.

Les gendarmes de la marine sont tenus d'exécuter les ordres concernant la police des pêches qu'ils reçoivent des commissaires des quartiers où ils servent.

ART. 29.

[illegible]

Il est défendu aux officiers et agents chargés de la police des

prohibitives concernant les agents chargés de la police des pêches.

pêches d'exiger ou de recevoir des pêcheurs une rétribution quelconque, soit en nature, soit en argent, sous peine d'être poursuivis comme concussionnaires.

Il leur est également interdit de prendre, directement ou indirectement, un intérêt dans la pêche ou dans le commerce du poisson frais, du coquillage et des engrais ou amendements marins.

Toutefois, cette dernière prohibition ne s'applique pas aux gardes-jurés.

ART. 30.

Droit de constatation des agents chargés de la police des pêches.

Les contraventions aux lois et règlements sur la pêche côtière commises tant à la mer, le long des côtes, que dans la partie salée des fleuves, rivières et canaux, peuvent être constatées par tous les agents de la marine chargés de la police des pêches, à quelque quartier ou station qu'ils appartiennent.

ART. 31.

Établissement des communautés ou associations de pêcheurs.

Les pêcheurs sont autorisés à former des communautés ou associations, en prélevant sur le produit de leur industrie les sommes nécessaires pour subvenir aux dépenses faites dans l'intérêt commun.

Les patrons de bateau sont seuls admis à faire partie de ces communautés.

ART. 32.

Formes à suivre pour établir ces communautés.

Dans ce cas, l'inspecteur des pêches ou, à défaut, le syndic de la localité réunit les pêcheurs en assemblée générale, et s'enquiert des retenues qu'ils consentent à s'imposer.

Le procès-verbal de la séance est transmis, par la voie hiérarchique, soit au préfet maritime, soit au chef du service de la marine à Saint-Servan, qui, s'ils le jugent convenable, soumettent à l'approbation du ministre la création de la communauté demandée.

ART. 33.

Présidence des assemblées de pêcheurs.

Les commissaires de l'inscription maritime président les communautés de pêcheurs réunis en assemblée générale.

Ils peuvent toutefois confier, par délégation, cette présidence, soit aux administrateurs des sous-quartiers, soit aux inspecteurs des pêches, soit aux syndics.

ART. 34.

Le président maintient l'ordre et le calme dans les délibérations; il dirige les débats et signe les procès-verbaux des séances.

Attributions du président.

ART. 35.

Dans sa première séance, la communauté élit à la pluralité des voix un caissier, dont elle détermine le traitement annuel.

Caissier de la communauté.

Ce caissier, nommé pour trois ans et indéfiniment rééligible, est responsable des erreurs qu'il peut commettre dans sa gestion, mais non des vols avec effraction dont il serait victime.

Il remplit les fonctions de secrétaire de la communauté.

ART. 36.

Le caissier tient registre des recettes et des dépenses, et en rend compte, tous les six mois (le premier dimanche d'avril et le premier dimanche d'octobre), à la communauté, qui statue, à la pluralité des voix, sur l'emploi des fonds restés en caisse et de ceux qui peuvent y être versés dans le courant du semestre suivant.

Comptes à tenir.

Une ampliation du procès-verbal de cette délibération est remise au caissier pour sa décharge.

ART. 37.

La régularité des payements résulte de l'émargement par la partie prenante ou du vu-payer apposé par l'administrateur, l'inspecteur des pêches ou le syndic, sur le procès-verbal de la séance où l'emploi des fonds a été décidé.

Régularisation des recettes et des dépenses.

Les dépenses urgentes et imprévues sont reconnues par deux des plus anciens patrons de bateau que délègue à cet effet la communauté des pêcheurs, et le payement de ces dépenses est ordonnancé par eux au moyen de mandats particuliers qu'ils signent.

Ces délégués sont nommés au commencement de chaque semestre, et ne peuvent exercer leurs fonctions que pendant six mois.

Les recettes s'opèrent toujours en présence de deux patrons de bateau, membres de la communauté, qui signent au registre.

ART. 38.

Tenue et arrêté des comptes.

Les comptes du caissier sont arrêtés et signés, tant par lui que par les quatre plus anciens patrons de bateau et par le président de la communauté ou son délégué.

Les registres du caissier sont tenus sur papier libre; ils sont cotés et parafés par le président de la communauté, qui les vérifie ou les fait vérifier au moins une fois par an.

ART. 39.

Pièces à fournir semestriellement.

Une ampliation du compte et du procès-verbal établis chaque semestre, ainsi qu'il est dit à l'article 36, est transmise, soit au préfet maritime, soit au chef du service de la marine à Saint-Servan.

ART. 40.

But des dépenses.

Les dépenses doivent toujours être faites dans l'intérêt de la communauté. Toutefois, lorsque les ressources de la caisse le permettent, il peut en être distrait un fonds de secours à répartir entre les pêcheurs nécessiteux ou leurs familles.

ART. 41.

Registres spéciaux à tenir par le caissier.

Le caissier tient un registre des déclarations et procès-verbaux d'expertise des gardes-jurés particuliers de la communauté, concernant les faits relatifs à la pêche pratiquée par cette communauté. Il tient en outre, s'il y a lieu, un registre des marchés conclus et des ventes ou livraisons effectuées.

Ces registres, sur papier libre, cotés et paraphés par l'administrateur de l'inscription maritime, restent déposés dans la salle de la communauté, où chacun a le droit de les consulter sur place.

En cas de contestation, ces registres font foi.

ART. 42.

Passation des marchés.

Les communautés de pêcheurs peuvent passer des marchés à profit commun pour la vente du coquillage et du poisson.

Les patrons de bateau, convoqués à cet effet, donnent leur avis sur les conditions et les prix offerts par les acheteurs ou leurs fondés de pouvoirs.

S'ils ne parviennent pas à s'accorder, le président de l'assemblée détermine les conditions et les prix des marchés et appelle les patrons à les voter au scrutin secret.

Pour que le marché soit valable, la moitié au moins des membres de la communauté doit participer à la délibération.

ART. 43.

Les membres des communautés de pêcheurs sont tenus d'assister aux séances de ces communautés, sous peine d'être punis disciplinairement en cas d'absence non justifiée.

Les membres des communautés de pêcheurs sont tenus d'assister aux séances de ces communautés.

Ceux qui troublent l'ordre et la tranquillité des séances en sont exclus, après un premier avertissement, pour un temps qui ne peut excéder la durée de la campagne de pêche, sans préjudice des autres peines qu'ils peuvent avoir encourues.

Le président prononce cette exclusion et en fixe le terme.

ART. 44.

Dans l'exercice de leurs fonctions, les inspecteurs des pêches, les prud'hommes pêcheurs et les gardes-jurés portent l'uniforme ou les marques distinctives ci-après indiqués :

Uniforme des inspecteurs des pêches. Marques distinctives des prud'hommes et des gardes-jurés.

Uniforme d'inspecteur des pêches.

Redingote en drap bleu, à collet rabattu, et croisant sur la poitrine, avec deux rangs de boutons à l'ancre en cuivre doré;

Ancres brodées en or au collet et aux parements;

Pantalon bleu sans bande;

Casquette en drap bleu, conforme au modèle adopté dans la marine militaire, avec une ancre et une aigle en or sur la cuve;

Sabre suspendu à un ceinturon de cuir noir verni, dont l'agrâffe en cuivre doré porte une ancre en relief.

Dans les cérémonies publiques, la casquette est remplacée par un chapeau à trois cornes, avec une ganse en galon or mat.

Marques distinctives des prud'hommes pêcheurs.

Médaille en argent du poids de trois francs, suspendue à un ruban vert, et portant d'un côté les mots : *Département de la marine*, et de l'autre ceux-ci : *Prud'hommes pêcheurs*,

Marques distinctives des gardes-jurés.

Médaille en argent du poids de deux francs, suspendue à un ruban bleu, avec les mots : *Département de la marine* d'un côté, et *Gardes-jurés* de l'autre.

Ces médailles sont fournies par le département de la marine aux prud'hommes pêcheurs et aux gardes-jurés, qui en demeurent responsables, et les rendent lorsqu'ils cessent leurs fonctions.

TITRE II.

LITTORAL DE L'ARRONDISSEMENT. — LIMITES DE LA PÊCHE MARITIME ET DE LA ZONE DANS L'ÉTENDUE DE LAQUELLE LE PRÉSENT DÉCRET EST APPLICABLE SUR LES FLEUVES, RIVIÈRES ET CANAUX.

ART. 45.

Littoral de l'arrondissement de Brest.

Le littoral de l'arrondissement de Brest, divisé en deux sous-arrondissements (Saint-Servan et Brest), se compose des quartiers de Granville, Saint-Malo, Dinan, Saint-Brieuc, Paimpol, Morlaix, Brest et Quimper. Il s'étend depuis l'embouchure de la rivière d'Ay (département de la Manche), jusqu'à l'embouchure de l'Odet (département du Finistère).

ART. 46.

Limites de la pêche maritime.

La pêche est maritime, c'est-à-dire libre, sans fermage ni licence, tant sur les côtes du 2e arrondissement que dans les fleuves, rivières et canaux désignés au tableau suivant, jusqu'aux limites de l'inscription maritime.

Toutefois, les dispositions du présent décret ne sont applicables dans ces fleuves, rivières et canaux que jusqu'au point de cessation de la salure des eaux.

Entre ce point et les limites de l'inscription maritime; la pêche, quoique libre et exempte de licence, est soumise aux mesures d'ordre et de police, édictées par la loi du 15 avril 1829 sur la pêche fluviale.

QUARTIERS.	FLEUVES, RIVIÈRES OU CANAUX.	LIMITES de L'INSCRIPTION MARITIME.	LIMITES de LA SALURE DES EAUX.
Granville..	Sienne................	Moulin d'Hienville, au delà du pont.	Pont-Neuf, vis-à-vis le château de Montchalon.
	Sée...................	Ferme de Bas-Limon, commune de Tirpied.	1 kilomètre et demi au-dessus du pont Gilbert, au chemin conduisant de la rive droite au clocher de St-Jean de la Haize.
	Sélune...............	Digue des moulins de Ducey.	A 1 kilomètre et demi au-dessus du Pontaubeau, jusqu'à la route de la rive droite au bas Guyot.
	Couesnon.............	Le port près la rivière de Sacey, et les moulins de Langles près Antrain.	Au lieu dit *le Port*, à 500 mètres au-dessus du pont de Pontorson.
Saint-Malo	Voir le quartier de Dinan.	"	"
Dinan....	Rance................	Écluse de Lehon........	Pont de Dinan.
	Arguenon.............	Pont de Plancoet.......	Pont de Plancoet.
St-Brieuc..	Frémur...............	Pont du Veau-Rouault...	Pont du Veau-Rouault.
	Rémur................	Pont Malard...........	Pont Malard.
	Bouche d'Erquy........	Moulin de la Hinandaie..	Moulin de la Hinandaie.
	Dahouet..............	Clos du Val...........	Clos du Val.
	Bignon...............	Première maison en aval du village de Bignon.	Prumière maison en aval du village de Bignon.
	Gouessan	Moulin Relan...........	Moulin Relan.
	Urne.................	A son embouchure......	A son embouchure.
	Gouet................	Pont de Gouet, route de Saint-Brieuc à Binic.	Pont de Gouet.
	Ic...................	Extrémité ouest de la côte du Paradis.	Extrémité ouest de la côte du Paradis.
Paimpol..	Jaudy................	Pont de la roche Derrien.	Pont dela roche Derrien.
	Guendy...............	Moulin de l'Évêque.....	Moulin de l'Évêque.
	Trieux...............	Moulin de la roche Jagu.	Moulin de la roche Jagu.
	Leff.................	Barrage du moulin du Houëll, en amont du pont.	Barrage du moulin du Houëll.

QUARTIERS.	FLEUVES, RIVIÈRES OU CANAUX.	LIMITES de L'INSCRIPTION MARITIME.	LIMITES de LA SALURE DES EAUX.
Morlaix...	Ar-iar	Pont de la métairie de Manach-an-Dour.	Côté nord du pont Ar-iar.
	Léguer	Moulin de Keriguel, commune de Ploubezre.	Côté nord du pont Sainte-Anne.
	Guillicc	Village de Saint-Jacques.	Moulin de la Paluc.
	Kellec ou Horne	Moulin de Kellec	Pont Biais.
	Penzé	Moulin du Roi	Côté sud du pont de Penzé.
	Jarlot	Confluent du Jarlot et du Kerlent.	Côté nord du pont de Morlaix.
	Pennelé	Moulin de Pennelé	500 mètres en aval du pont de Pennelé.
	Dourduff	Dourduff en terre	Moulin de la mer.
	Dourou	Moulin du pont	300 mètres en aval du moulin de Moallic.
Brest.....	Aber-Wrac'h	Moulin Diouris	Moulin Diouris.
	Aber-Benoît	Moulin du Chatel et Tariec.	Moulin du Chatel et Tariec.
	Aber-il-Dut	Pont Run.	Pont Run.
	Elorn	Fraou-Elorn	Fraou-Elorn.
	Daoulas	Pont de Daoulas	Pont de Daoulas.
	Hôpital	Pont de l'Hôpital	Pont de l'Hôpital.
	Faou	Quiela	Quiela.
	Pont-de-Buis	Tibeuze	Tibeuze.
	Aulne	1re écluse. Pont de Châteaulin.	Rozarnou.
Quimper..	Pouldavid	Sur tout son cours	Sur tout son cours.
	Goyen	Chaussée de l'étang de Kéridreuff, à Pont-Croix.	Chaussée de l'étang de Kéridreuff à Pont-Croix.
	Pont-l'Abbé	Chaussée du moulin de Pont-l'Abbé.	Chaussée du moulin de Pont-l'Abbé.
	Steyr	Chaussée du moulin du Duc.	Vis-à-vis la rue du Palais-de-Justice, sur le quai de Quimper.
	Odet	Chaussée du moulin de l'Évêché.	*Idem.*

TITRE III.

ÉPOQUE D'OUVERTURE ET DE CLÔTURE DES DIFFÉRENTES PÊCHES. — INDICATION DE CELLES QUI SONT LIBRES PENDANT TOUTE L'ANNÉE. — HEURES PENDANT LESQUELLES CERTAINES PÊCHES SONT INTERDITES.

ART. 47.

La pêche de la sardine et du hareng est permise depuis le moment où ces poissons de passage arrivent sur le littoral de l'arrondissement de Brest jusqu'au jour où ils le quittent. Pêche de la sardine et du hareng.

La pêche de la sardine ouvre une heure avant le lever du soleil et ferme une heure après son coucher; elle est interdite pendant la nuit.

ART. 48.

La pêche du prêtre, petit-prêtre ou éperlan bâtard commence le 1er août et finit le 30 avril. Pêche du prêtre et du petit-prêtre.

ART. 49.

La pêche des poissons d'eau douce qui peuvent se trouver momentanément en aval du point de cessation de la salure des eaux dans les fleuves, rivières et canaux affluant à la mer, ouvre et ferme aux époques prescrites par les règlements rendus en vertu de la loi du 15 avril 1829. Pêche des poissons d'eau douce.

ART. 50.

La pêche de tous les poissons non mentionnés ci-dessus est permise pendant toute l'année, en se conformant aux dispositions du présent décret. Poissons dont la pêche est libre toute l'année.

ART. 51.

La pêche des huîtres ouvre le 1er septembre et ferme le 30 avril; elle est interdite avant le lever et après le coucher du soleil. Pêche des huîtres. Ouverture et clôture.

ART. 52.

La pêche des moules commence et finit aux mêmes époques et aux mêmes heures. Pêche des moules. Ouverture et clôture.

ART. 53.

La pêche des huîtres et des moules n'est permise, même pendant la période d'ouverture, c'est-à-dire du 1er septembre Les huîtrières et les moulières ne peuvent être exploitées sous l'autorisation du préfet ou du chef du service.

au 30 avril, que sur les huîtrières et moulières dont le préfet maritime ou le chef du service de la marine à Saint-Servan a autorisé l'exploitation.

ART. 54.

Pêche à pied des huîtres ou des moules.

La pêche à pied des huîtres et des moules est interdite du 30 avril au 1er septembre, sauf les exceptions prévues aux titres des quartiers du sous-arrondissement de Saint-Servan ; pendant la période d'ouverture, elle est également interdite avant le lever et après le coucher du soleil.

ART. 55.

Pêche des crustacés et des coquillages.

Les époques d'ouverture et de clôture de la pêche des homards et langoustes sont déterminées au titre de chaque quartier par le présent décret.

La pêche des autres coquillages, poissons à croûte et crustacés est permise pendant toute l'année.

TITRE IV.

RETS, FILETS, ENGINS ET INSTRUMENTS DE PÊCHE, PROCÉDÉS ET MODES DE PÊCHE PROHIBÉS.

ART. 56.

Rets, filets, engins, instruments, modes et procédés de pêche prohibés.

Sont prohibés, dans l'étendue de l'arrondissement de Brest, les rets, filets, engins, instruments, modes et procédés de pêche autres que ceux décrits ci-dessous et au titre IX des pêcheries :

1° Les folles.

Les mailles des folles ou filet à raies et à gros poissons auront au moins 120 millimètres en carré.

2° Les demi-folles, grandes canières, grandes pentières et grands rieux.

Les mailles de ces divers filets auront au moins 67 millimètres en carré.

3° Les petites canières, petites pentières, petits rieux, cibaudières, six-doigts, mailles-royales, lesques, bretellières, haussières, flues, flottées, muletières, rets à croc, rets entre rochers, traversières, maquereaulières, séchées, tressous et tressures.

Les mailles de ces filets auront au moins 54 millimètres en carré.

Il en sera ainsi de tous les autres *rets à nappes simples* lestés et flottés, connus sous tels noms et dénominations que ce puisse être.

4° Les tramaux sédentaires.

Les tramaux sédentaires et toute autre espèce de rets tramaillés, soit qu'on les destine à devenir fondriers, demi-fondriers ou flottants, auront les mailles de la nappe du milieu de 35 millimètres au moins en carré; les mailles des rets des deux côtés seront au moins de 200 millimètres en carré.

5° Les picots.

Les filets appelés picots, ou filets à aiguillettes, auront les mailles de 27 millimètres au moins en carré, et seront chargés de 122 grammes de plomb au plus, par $1^{m},620$ de longueur.

Tous les filets sédentaires ci-dessus mentionnés, dont l'usage, interdit aux pêcheurs à pied, n'est permis qu'en bateau, peuvent être employés pendant toute l'année et à quelque distance que ce soit des côtes.

6° Le chalut ou rets traversier.

Ce filet sera établi conformément à l'un des deux types décrits ci-dessous :

1° Le chalut aura la forme d'un carré long ou rectangle, dont la longueur ne pourra jamais excéder le double de la largeur.

L'ouverture de la gueule n'excédera pas 13 mètres.

Les mailles en seront lacées de suite, et ne pourront avoir moins de 35 millimètres en carré dans toute l'étendue du filet, qui sera monté de manière à ce que ses mailles restent toujours ouvertes.

Les deux cinquièmes de son ouverture ou gueule seront bordées par un léger cordage garni de flottes de liége; les trois autres cinquièmes de cette ouverture ou gueule seront également bordés par un cordage ou une ralingue de 54 millimètres au plus, chargé de 489 grammes de plomb par $1^{m},620$, lequel plomb sera divisé en bagues mobiles placées à des distances égales.

De chaque côté de l'ouverture, on placera un petit échalon de bois, dans lequel seront passés et amarrés la corde de la tente et le cablot du pied qui forment l'ouverture du sac. On fixera entre ces deux cordages une pierre qui, attachée sur l'échalon et dans le sens de sa longueur, n'excédera pas le poids de 25 kilogrammes. Cette pierre pourra être remplacée par une égale quantité de plomb, disposé de manière à garnir le pied de chaque échalon. On amarrera sur lesdits échalons, dans la partie où sont attachées les flottes de liége, une perche destinée à contenir l'ouverture du filet. La longueur de cette perche n'excédera pas 11^{m},370.

2° Le chalut aura la forme d'un sac conique tronqué, ne présentant aucun étranglement; il sera fait avec un filet dont les mailles, lacées de suite, auront 35 millimètres au moins en carré.

La longueur de la vergue en bois ou de la barre en fer sur laquelle la partie supérieure du chalut sera transfilée ne pourra excéder 11^{m},500.

Le dessous du chalut, à son extrémité, pourra être garni, sur une longueur de 3 mètres, d'un renfort de vieux filets; mais ce renfort sera établi de manière à ne point croiser ni rétrécir les mailles du chalut, qui devront toujours conserver au moins 35 millimètres d'ouverture en carré.

Les mailles de tout filet supplémentaire auront, en conséquence, les mêmes dimensions que celles du filet principal.

Le chalut monté sur une vergue en bois portera deux chandeliers en fer, dont le poids total ne pourra excéder 130 kilogrammes.

Le chalut monté sur une barre de fer portera deux chandeliers de bois recouverts d'une feuille de fer.

Le poids total des chaînes ou plombs servant à garnir la ralingue d'un chalut n'excédera pas 50 kilogrammes.

Les chaînes seront fixées en festons sur toute la longueur de la ralingue, et les plombs en bagues mobiles.

La pêche au chalut ne pourra se pratiquer à moins de 500 mètres de la limite extérieure des huîtrières, situées en deçà de 4 kilomètres, à partir de la laisse de basse mer.

Elle est formellement interdite dans les fleuves, rivières et canaux.

Les autres conditions relatives au mode d'emploi du chalut seront déterminées au titre de chaque quartier.

7° La grande seine à jet.

Les mailles de la grande seine à jet, lacées de suite même pour le sac, auront au moins 35 millimètres en carré.

Ce filet ne pourra excéder 80 mètres en longueur et 8 mètres en largeur ou profondeur.

La ralingue du fond sera chargée de 250 grammes au plus de plomb par 1m,620 de longueur.

Les conditions relatives au mode et aux époques d'emploi de la seine sont déterminées au titre de chaque quartier.

8° La petite seine.

Les mailles de la petite seine dite halopin, servant à pêcher le lançon, le sprat, esplotte ou esprotte, auront au moins 6 millimètres en carré.

Ce filet ne pourra excéder 49 mètres de longueur sur 9m,74 de hauteur.

Il ne sera chargé que de 125 grammes de plomb par brasse, et, dans aucun cas, il ne pourra y être adapté ni sac ni poche.

Les conditions relatives au mode et à la période d'emploi de ce filet sont déterminées au titre de chaque quartier.

9° La seine à prêtres.

Les mailles de la seine à prêtres, petit-prêtre ou éperlan bâtard, auront au moins 0m,014 en carré.

La longueur de ce filet sera de 24 mètres au plus, sur une largeur de 2m,40.

L'usage en est interdit du 1er avril au 30 septembre.

10° Les rets à grados.

Les rets à grados auront les mailles de 0m,012 au moins en carré.

La ralingue de ce filet sera toujours élevée de 0m,108 au-dessus du fond.

Il est interdit de traîner les rets à grados.

11° Les rets à sardines.

Les rets à sardines auront les mailles de 0m,009 au moins en carré.

L'usage en est exclusivement permis pendant la durée de la pêche de ce poisson.

12° Les rets à hareng.

Les mailles des rets ou appelets pour faire la pêche du hareng auront au moins 0m,025 en carré.

Il n'est permis de s'en servir que pendant la durée de la pêche du hareng, sauf l'exception prévue au titre du quartier de Granville.

15° Les rets à maquereau.

Les mailles des rets ou appelets à maquereau auront au moins 0^{m},030 en carré.

L'usage en est permis pendant toute l'année.

14° Le carreau ou hunier.

Le filet dit carreau ou hunier employé à la pêche du petit poisson servant d'appât aura les mailles de 0^{m},014 en carré.

L'usage de ce filet est interdit du 1er avril au 1er septembre.

15° Le havenet, havel ou havaux.

Les mailles de ce filet sédentaire, employé à la pêche de toute espèce de poisson, seront de 0^{m},034 au moins en carré.

Il sera monté sur deux perches croisées ayant chacune, au maximum 4^{m},800 de longueur; ces perches seront tenues ouvertes par une traverse de bois placée près du point où elles se croisent. L'ouverture du filet n'excédera pas 4^{m},800, et la ralingue placée à l'extrémité des deux perches pour maintenir le filet ne pourra être chargée que de 122 grammes de plomb par mètre.

Il est interdit de traîner sur les fonds cet engin, dont l'usage est permis pendant toute l'année.

16° Le filet à saumon.

Les mailles du filet à saumon seront lacées de suite et auront au moins 0^{m},060 en carré.

L'usage en est permis pendant toute l'année.

17° Le casier à vieilles.

Le casier employé pour prendre la vieille aura, entre barreaux, un écartement de 0^{m},027 au moins.

Il est permis de s'en servir toute l'année.

18° Les dards ou foènes.

Les dards ou foènes destinés à la pêche des poissons plats seront armés de six branches au plus, placées à 0^{m},027 au moins les unes des autres.

L'usage en est permis toute l'année, mais seulement en bateau.

19° Le ciseau.

Les mailles du filet nommé ciseau auront au moins 0^{m},030 en carré, et son ouverture ne pourra excéder 5 mètres.

Monté sur deux perches croisées à leur gros bout, ce filet est plongé obliquement dans l'eau, du bord d'un bateau mouillé en travers du courant.

Il est permis pendant toute l'année.

20° Les ravoirs, uves, casiers et autres engins en filet ou en bois en forme d'entonnoir, à poche ou à double fond, destinés à la pêche du poisson.

Les mailles de ces divers engins pourront être en filet, en osier ou en bois.

Les mailles en filet auront au moins $0^{m},054$ en carré.

Les mailles en osier ou en bois seront formées de tiges ou verges placées dans le sens de la longueur à $0^{m},040$ de distance les unes des autres; elles seront croisées à angle droit par d'autres verges ou tiges placées à $0^{m},067$ au moins les unes des autres, de manière à former des ouvertures rectangulaires de $0^{m},040$ sur $0^{m},067$.

Ces engins ne pourront se terminer en pointe, et leur base, quelle qu'en soit la forme, aura toujours dans sa moindre largeur un diamètre de $0^{m},330$.

Ils pourront être fixés avec des pieux d'un mètre au plus de hauteur, d'un diamètre de $0^{m},054$ au plus, et distants de $0^{m},700$ au moins les uns des autres.

Ces engins conserveront toujours entre eux une distance de 2 mètres au moins.

21° Le havenet à chevrette.

Les mailles du havenet à chevrette auront au moins $0^{m},008$ en carré.

La plus grande largeur de ce filet, monté sur deux perches croisées, sera de $1^{m},600$. La ralingue fixée à l'extrémité inférieure ne pourra être chargée de plus de 500 grammes de plomb, et devra toujours avoir au moins $0^{m},324$ de plus de longueur que le plus grand écartement des perches sur lesquelles elle sera fixée de manière à n'être ni tendue ni roide.

Il est interdit de placer à l'extrémité inférieure de ce filet aucune traverse de bois, de fer ou de toute autre matière.

Les périodes pendant lesquelles cet engin peut être employé sont déterminées au titre de chaque quartier.

L'usage en est interdit en tout temps pendant la nuit.

22° Les bouteux, haveneaux et autres instruments servant à la pêche des chevrettes.

Les mailles de ces filets, qui seront lacées de suite et devront être tenues ouvertes, auront au moins 0^{m} 008 en carré.

Ils seront montés sans rétrécissement aucun sur une fourche ou sur un cercle auquel sera adapté un manche.

La traverse de ces instruments sera formée d'un bâton rond ou d'une corde qui ne pourra excéder 1^{m},20 de longueur. La corde pourra être chargée de 500 grammes de plomb.

Les périodes pendant lesquelles ces engins pourront être employés sont déterminées au titre de chaque quartier.

L'usage en est interdit en tout temps pendant la nuit.

23° Les chaudières et autres instruments sédentaires.

Les chaudières et autres instruments sédentaires spécialement employés à la pêche de la chevrette auront les mailles de 0^{m},008 en carré.

Ces engins sont permis pendant toute l'année.

24° La seine à chevrettes.

La seine à chevrettes, montée sur deux bâtons ronds, ne peut avoir plus de 2 mètres d'ouverture sur 3 mètres de longueur.

Ce filet n'est assujetti à aucune dimension de mailles.

Il est autorisé exclusivement et pendant toute l'année dans la rivière de l'Arguenon (quartier de Dinan), en amont de la roche connue sous le nom de Héronnière.

25° La drague à huîtres, à maërl, à sables coquilliers et à goëmon rouge.

La drague cernée de fer portera un sac fait en filet de chanvre, en lanières de cuir ou en fil de fer. Les mailles des sacs en filet de chanvre ou en lanières de cuir auront au moins 0^{m},054 en carré; celles des sacs en fil ou anneaux de fer auront au moins 0^{m},050 en carré ou en diamètre.

Ces dimensions pourront être réduites à 0^{m},035 pour l'exploitation des huîtrières qui sont indiquées au titre spécial au quartier de Paimpol.

Le poids total de la drague, non compris la corde ou la chaîne de traction, ne pourra excéder 65 kilogrammes.

Cet engin sera exclusivement employé à la pêche des huîtres et à la récolte du maërl, des sables coquilliers et du goëmon rouge, sauf le cas prévu ci-dessous relativement à l'exploitation des moulières.

Lorsque, pour proportionner la drague à la force du bateau,

il y aura lieu d'en réduire les dimensions, cette réduction ne s'étendra pas à la largeur des mailles ou des anneaux, qui devra toujours rester la même.

Néanmoins, pour l'extraction du maërl et des sables coquilliers, le sac de la drague pourra être garni d'une forte toile.

L'usage de la drague n'est permis qu'en bateau.

Les autres conditions relatives à l'emploi de cet instrument seront indiquées au titre VI et au titre spécial à chaque quartier.

26° La cuiller en fer pour la pêche des amendements marins.

Cet instrument, de forme carrée et garni d'un manche, aura au plus $0^m,320$ à sa surface inférieure.

27° Les couteaux à moules.

Les couteaux en fer destinés à la pêche des moules ne pourront avoir plus de $0^m,189$ de long, y compris le manche; la lame de ces couteaux n'excédera pas $0^m,054$ de large : cet instrument sera exclusivement employé sur les moulières qui découvrent à la basse mer.

28° Les râteaux à moules.

Les râteaux à moules seront faits de bois garni de dents de fer placées à la distance de $0^m,034$ au moins les unes des autres. Ces instruments seront employés à l'exploitation des moulières qui ne découvrent pas.

29° La drague à moules.

La drague à moules sera conforme à la drague à huîtres décrite ci-dessus.

L'usage de cet instrument ne sera permis que par décision spéciale du préfet maritime ou du chef du service de la marine à Saint-Servan, pour l'exploitation des moulières sur lesquelles il reste au moins $3^m,240$ d'eau à la basse mer d'équinoxe.

30° Les claies, paniers, bouraques et autres engins employés à la pêche des crabes, homards, rocailles et poissons à croûte.

Ces divers engins, formés d'osier à jour, auront les verges éloignées les unes des autres de $0^m,028$ au moins.

Ces engins sont permis pendant toute l'année.

31° Les varveux, verveux ou louves.

Ce filet, également destiné à la pêche des crabes, homards etc., sera fait en forme d'entonnoir dont l'entrée sera transfilée sur un cercle de bois; le reste du filet sera tenu ouvert au moyen de plusieurs cercles de bois éloignés les uns des autres de $0^m,065$ au moins.

Les mailles des varveux, verveux ou louves auront au moins $0^m,028$ en carré.

L'usage de cet engin est permis pendant toute l'année.

32° Les crocs en fer.

Le croc en fer emmanché sur une perche de bois pourra servir pendant toute l'année à la pêche des poissons à croûte dans les rochers.

33° L'hameçon.

La pêche à l'hameçon ou pêche à la ligne et aux cordes est permise pendant toute l'année, quel que soit le mode suivant lequel elle se pratique.

34° Les couteaux, crochets, pelles en bois ou en fer.

Ces instruments peuvent être employés pendant toute l'année à la pêche du lançon et des autres poissons ou coquillages qui s'ensablent.

Il est néanmoins interdit de se servir de la pelle en bois ou en fer sur les fonds où croissent des herbes marines depuis le 1er avril jusqu'au 1er septembre.

ART. 57.

Filets prohibés.

Sont également prohibés :

1° Les rets, filets, engins, instruments, modes et procédés de pêche qui, quoique autorisés d'une manière générale, seraient employés dans un quartier où l'usage n'en est pas spécialement permis;

2° Les rets, filets, engins, instruments, modes et procédés de pêche exclusivement destinés à la pêche de certains poissons ou coquillages, lorsqu'ils sont employés à d'autres pêches ou en dehors des époques indiquées;

3° Les rets, filets, engins, instruments, modes et procédés de pêche employés dans des conditions et sur des points autres que ceux qui sont déterminés par le présent décret.

ART. 58.

Les filets permis dans l'arrondissement ne sont point par cela même autorisés dans tous les quartiers.

Les titres particuliers à chaque quartier déterminent quels sont, parmi les rets, filets, instruments, engins, modes et procédés de pêche décrits en l'article précédent, ceux dont l'usage est permis dans le quartier.

Toutefois, les rets, filets, engins, instruments, modes et procédés de pêche dont l'usage est autorisé d'une manière générale dans l'étendue de l'arrondissement, mais qui ne sont pas mentionnés au titre de chaque quartier, pourront y être ajoutés en vertu d'une décision du ministre de la marine.

Quant aux dispositions relatives aux pêcheries énoncées au titre IX, elles sont applicables à tous les établissements de cette nature existants dans le 2e arrondissement, sauf l'exception prévue aux articles 372, 373, 395, 396, 412, 413, 439, 440, 447 et 448.

ART. 59.

Les rets, filets, instruments, engins, modes et procédés de pêche non décrits en l'article 56 ne peuvent être mis en usage dans l'arrondissement qu'en vertu d'un décret.

Les filets non décrits ne peuvent être autorisés qu'au moyen d'un décret.

ART. 60.

Les mailles des filets de toute espèce doivent présenter les dimensions réglementaires lorsque ces filets sont imbibés d'eau.

Les mailles des filets doivent être mesurées quand ils sont mouillés.

TITRE V.

MESURES D'ORDRE ET DE POLICE POUR LA PÊCHE EN FLOTTE. DISPOSITIONS COMMUNES À TOUTES LES PÊCHES.

ART. 61.

Il est défendu aux bateaux arrivant sur les lieux de pêche de se placer ou de jeter leurs filets de manière à se nuire réciproquement ou à gêner ceux qui ont déjà commencé leurs opérations.

Position des pêcheurs arrivant sur les lieux de pêche.

ART. 62.

Les bateaux pêchant la nuit sous voiles avec des filets dérivants doivent montrer des feux à intervalles rapprochés pour faire connaître leur position.

Feux de position.

Ils sont munis, à cet effet, d'un vase contenant de l'essence de térébenthine dont ils imbibent un pinceau, qu'ils allument ensuite.

ART. 63.

Il est défendu aux pêcheurs de quitter leur rhumb ou rang après que les filets ont été mis à la mer.

Rang des bateaux.

ART. 64.

Les pêcheurs en flotte sont tenus de suivre le mouvement donné par la masse. Ils doivent lever la pêche et mouiller simultanément, suivant la décision de la majorité.

Solidarité des pêcheurs en flotte.

Toutefois, s'il se trouve sur les lieux un navire garde-pêche, un garde-maritime ou un garde-juré, ils se conforment aux ordres qu'ils en reçoivent à cet égard.

ART. 65.

Filets déplacés par les courants.

Lorsque les courants entraînent les filets d'un pêcheur sur ceux d'un autre pêcheur, celui dont les filets sont ainsi déplacés est tenu de les retirer pour les jeter sur un autre point.

ART. 66.

Filets qui se mêlent.

Si des filets appartenant à des pêcheurs différents viennent à se mêler, les propriétaires de ces filets ne peuvent les couper, à moins de consentement mutuel et avant d'avoir reconnu l'impossibilité de les séparer par d'autres moyens.

ART. 67.

Filets retenus au fond.

Si les filets d'un bateau pêcheur, retenus au fond par un obstacle quelconque, empêchent ce bateau de dériver, il allume son feu comme s'il continuait à faire la pêche.

ART. 68.

Mouillage accidentel.

Tout patron de bateau qui pendant la nuit veut jeter l'ancre doit, sauf le cas de force majeure, se retirer assez loin du lieu de pêche pour qu'il ne puisse causer aucun dommage aux bateaux dérivants.

Il doit, dans tous les cas, allumer son feu de position comme il est dit à l'article 62.

ART. 69.

Filets laissés à la mer.

Lorsqu'un bateau, après avoir pêché son complet chargement de poisson, laisse une partie de sa tessure à la mer, il en fait le signal en mettant un pavillon en berne, si c'est le jour, et en allumant un feu de minute en minute, pendant un quart d'heure, si c'est la nuit.

Dans ce cas, l'obligation de relever les filets restants est imposée au bateau du même quartier, le plus rapproché et qui a été hélé le premier.

ART. 70.

Comptes à rendre à l'administrateur de l'inscription maritime.

Le patron qui a laissé des filets pleins à la mer et celui qui les a relevés en rendent compte, chacun de son côté, dans les vingt-quatre heures, à l'administrateur de l'inscription maritime.

La moitié du poisson appartient, à titre d'indemnité, à celui qui a relevé les filets, et l'autre moitié est remise, avec ces engins, à leur propriétaire.

ART. 71.

Défense de louvoyer parmi les bateaux pêcheurs.

Il est défendu aux maîtres ou patrons d'embarcations faisant le commerce de poisson frais, de louvoyer parmi les bateaux sur les lieux de pêche, et d'y envoyer leurs canots sous prétexte d'arrher le poisson : ils doivent attendre dans le port ou à l'entrée hors des lieux de pêche le retour des bateaux, sauf le cas prévu par l'article 74.

ART. 72.

Défense de montrer des feux.

Hors le cas de nécessité absolue, il est défendu à tout pêcheur de montrer des feux dans d'autres circonstances que celles qui sont déterminées au présent décret.

Dispositions spéciales à la pêche de la sardine.

ART. 73.

Pêcheurs de sardines.

Il est interdit aux patrons exerçant la pêche de la sardine de mouiller la nuit dans les lieux où l'on pêche ce poisson.

ART. 74.

Disposition exceptionnelle en faveur de la pêche de la sardine.

Par exception aux dispositions de l'article 71, les maîtres ou patrons d'embarcation faisant le commerce de la sardine peuvent se tenir dans le voisinage des lieux où l'on pratique cette pêche, pour en acheter les produits, mais sans qu'il puisse en résulter de préjudice envers qui que ce soit.

Dispositions spéciales à la pêche du maquereau et du hareng.

ART. 75.

Jet des filets.

Lorsqu'un bateau exerçant la pêche du hareng ou du maquereau aux filets dérivants arrive sur le lieu de pêche, il amène toutes ses voiles pour indiquer qu'il a pris sa place.

Il doit se tenir à 162 mètres au moins de tout autre bateau, lorsqu'il jette ses filets à la mer.

Cette distance est portée à trois quarts de mille au moins lorsque la pêche se fait à plus de trois milles de la laisse de basse mer.

ART. 76.

Jet des filets à bord des bateaux pontés et des bateaux non pontés.

Toutes les fois que pour pêcher le hareng, des bateaux pontés et des bateaux non pontés commencent en même temps à mettre leurs filets à la mer, ces derniers les jettent au vent des autres, hors le cas où ils préfèrent s'en éloigner d'un demi-mille au moins pour les placer sous le vent.

Les bateaux pontés doivent, de leur côté, jeter leurs filets sous le vent des bateaux non pontés, à moins qu'ils ne préfèrent s'en éloigner d'un demi-mille au moins pour les placer au vent.

ART. 77.

Bateaux pontés arrivant sur un point où se trouvent des bateaux non pontés.

Lorsque des bateaux pontés arrivent sur un point où d'autres bateaux, parmi lesquels il s'en trouve de non pontés, sont déjà établis en pêche, ces nouveaux venus doivent jeter leurs filets sous le vent des bateaux non pontés, hors le cas où ils préfèrent s'en éloigner d'un demi-mille au moins pour les placer au vent.

Lorsque des bateaux non pontés arrivent sur un point où d'autres bateaux, parmi lesquels il s'en trouve de pontés, sont déjà établis en pêche, ces derniers arrivés doivent jeter leurs filets au vent des bateaux pontés, à moins qu'ils ne préfèrent s'en éloigner d'un demi-mille au moins pour les placer sous le vent.

ART. 78.

Disposition exceptionnelle relative au jet des filets.

Toutefois, si le point où se trouve le hareng est tellement resserré que tous les bateaux, en observant les règles mentionnées ci-dessus, ne puissent prendre part à la pêche, les derniers arrivés ont la faculté de jeter leurs filets sans observer les distances prescrites pour le placement réciproque des bateaux harenguiers pontés et non pontés; mais les pêcheurs qui usent de cette faculté sont responsables des avaries et des dommages que leur dérive peut occasionner aux autres bateaux.

ART. 79.

Les pêcheurs aux filets dormants se tiendront sur leurs filets.

Lorsque des filets dormants sont employés pour pêcher le hareng ou le maquereau, les bateaux qui exercent cette pêche doivent se tenir constamment sur leurs filets.

Il est d'ailleurs interdit à ces bateaux de pratiquer leur industrie dans les parages où se trouvent des embarcations faisant la pêche du hareng ou du maquereau avec des filets dérivants.

ART. 80.

Il est interdit de mouiller des filets ou tout autre instrument de pêche dans les parages où s'exerce la pêche du hareng et du maquereau avec des filets dérivants.

Défense de mouiller des filets dans les parages où se pratique la pêche du hareng.

ART. 81.

Afin que les filets servant à la pêche du hareng ne puissent, en traînant sur le fond, nuire à la tessure tendue par d'autres bateaux, les patrons ne doivent pas jeter à la mer une hauteur de filets plus grande que la profondeur de l'eau.

Défense de jeter à la mer une hauteur de filets plus grande que la profondeur de l'eau.

ART. 82.

Tout bateau ayant perdu ses filets le signale, de jour, par une manne mise en berne au haut de son grand mât, et de nuit, par un feu hissé à la tête du même mât.

Bateau ayant perdu ses filets.

Celui qui a trouvé des filets le signale de son côté, le jour, par une manne mise en berne à son mât de misaine, et de nuit, par un feu hissé à la tête du même mât.

Ceux qui ont perdu ou trouvé des filets sont tenus d'en faire la déclaration au bureau de la marine aussitôt après leur retour dans le port.

Dispositions communes aux bateaux chalutiers et à ceux qui font la pêche du maquereau et du hareng avec des filets traînants.

ART. 83.

Dans les localités où se pratique la pêche du hareng et du maquereau avec filets traînants, les bateaux qui l'exercent, ainsi que les bateaux chalutiers, portent en tête de mât un guidon ayant au moins 20 centimètres de hauteur et 61 centimètres de longueur.

Guidons de reconnaissance.

Les couleurs de ces guidons sont :

Pour les bateaux dérivants, blanc et bleu;

Pour les bateaux chalutiers, bleu.

Le guidon des bateaux dérivants est divisé verticalement en deux parties égales dont la partie blanche est la plus rapprochée du mât.

Il est interdit à tout autre bateau de pêche de porter des guidons semblables à ceux qu'indique le présent article.

ART. 84.

Limites que les bateaux chalutiers ne doivent pas franchir.

Il est interdit d'exercer la pêche au chalut dans les eaux où se trouvent des bateaux faisant la pêche du hareng ou du maquereau avec des filets dérivants.

Lorsque des pêcheurs de hareng ou de maquereau s'établissent sur un point quelconque, les bateaux chalutiers déjà en pêche sur ce point doivent s'en éloigner, et se tenir à trois milles au moins de distance des pêcheurs de hareng ou de maquereau.

Pêche des huîtres.

ART. 85.

Désignation des jours de sortie. Signal à donner pour commencer et finir la pêche.

Les officiers ou agents chargés de la police des pêches déterminent, après s'en être entendus, s'il y a lieu, avec l'administrateur de la marine, l'inspecteur des pêches ou le syndic, les marées pendant lesquelles les bateaux peuvent aller en pêche. Le signal du départ est donné par un pavillon national placé dans un endroit convenu et hissé une heure avant la sortie. Si la sortie doit avoir lieu le matin, le pavillon est hissé la veille.

Rendus sur le banc désigné pour être pêché, les officiers ou agents de service donnent le signal de commencer la pêche en hissant à l'extrémité de la grande vergue un pavillon blanc et rouge qu'ils conservent pendant une demi-heure, à l'expiration de laquelle ils reprennent le guidon national.

Tous les bateaux cessent la pêche aussitôt que ces officiers ou agents substituent au pavillon national le pavillon blanc et rouge.

ART. 86.

Sortie et rentrée des bateaux.

Lorsque les bateaux pêcheurs appartiennent à la même localité, ils doivent sortir du port et y rentrer avec l'officier ou l'agent de service dont le bâtiment ou l'embarcation porte le guidon national.

ART. 87.

Cas dans lequel les décisions prises pour la sortie des bateaux sont sans appel.

Sont sans appel les décisions prises par les officiers et officiers mariniers commandant les bâtiments garde-pêches, par les inspecteurs des pêches ou par les syndics, touchant les marées et les heures de pêche.

Mais si des prud'hommes, des gardes-jurés ou des gardes maritimes se refusent à la sortie demandée par plusieurs patrons de bateau, ces patrons peuvent en appeler à l'inspecteur des pêches ou au syndic qui, après avoir entendu les deux parties et après avoir examiné par lui-même l'état de la mer et du temps, ordonne la sortie, s'il le juge à propos. Dans ce cas, l'inspecteur ou le syndic désigne les agents chargés de sortir avec les pêcheurs pour exercer la police pendant la durée de la pêche.

Tout patron de bateau qui a demandé à l'inspecteur ou au syndic une sortie refusée par les prud'hommes pêcheurs, les gardes-jurés ou les gardes maritimes, est tenu d'aller en pêche si la sortie a lieu.

ART. 88.

Obéissance aux ordres des gardes-jurés des ports ou baies où se fait la pêche.

Les gardes-jurés n'exercent d'autorité que sur les bancs qui dépendent de leur port ou baie; en conséquence, les patrons de bateau, et même les gardes-jurés de divers quartiers qui se réunissent sur un seul point de la côte, sont tenus d'obéir aux ordres des gardes-jurés des ports ou baies dont dépendent les lieux où se fait la pêche et d'attendre leur arrivée pour la commencer.

A cet effet, lorsque le garde-juré du lieu aperçoit une réunion de bateaux sur un des bancs compris dans sa station, il est tenu de s'y porter immédiatement.

Si la pêche a lieu à plus de 3 milles de la laisse de basse mer, le plus âgé des gardes-jurés exerce la surveillance sur tous les pêcheurs, de quelque quartier qu'ils soient.

ART. 89.

Division des bateaux en séries.

Dans les quartiers où le nombre des bateaux pêcheurs est trop élevé par rapport à l'importance des huîtrières, ces bateaux sont divisés en séries, qui pêchent alternativement aux jours déterminés par l'administration.

TITRE VI.

DISPOSITIONS SPÉCIALES PROPRES À PRÉVENIR LA DESTRUCTION DU FRAI ET À ASSURER LA CONSERVATION DU POISSON ET DU COQUILLAGE, NOTAMMENT CELLES RELATIVES À LA RÉCOLTE DES HERBES MARINES; CLASSIFICATION DU POISSON RÉPUTÉ FRAI; DIMENSIONS AU-DESSOUS DESQUELLES LES DIVERSES ESPÈCES DE POISSONS ET DE COQUILLAGES NE POURRONT PAS ÊTRE PÊCHÉES ET DEVRONT ÊTRE REJETÉES À LA MER, OU, POUR LES COQUILLAGES, DÉPOSÉES EN DES LIEUX DÉTERMINÉS.

Pêche des huîtres.

ART 90.

Visite annuelle des bancs d'huîtres.

Tous les ans, dans la première quinzaine du mois d'août, il est procédé, sur l'ordre des administrateurs de l'inscription maritime, par des commissions dont la composition est indiquée au titre de chaque quartier, à la visite des anciens bancs et à la constatation des huîtrières découvertes ou formées récemment.

ART. 91.

Parages communs. Visites d'exploration à faire par les commissions des quartiers intéressés.

La visite et la constatation des huîtrières, situées dans les parages communs à plusieurs quartiers, sont opérées de concert et contradictoirement par les commissions de ces quartiers.

ART. 92.

Devoirs des commissions de visite.

Dans leurs rapports, les commissions de visite indiquent l'état des huîtrières anciennes, le gisement et le degré d'importance des bancs découverts ou formés récemment; les huîtrières ou portions d'huîtrières susceptibles d'être mises en exploitation; l'époque où cette exploitation peut commencer, et même, s'il y a lieu, le nombre de jours pendant lesquels la pêche est permise, ainsi que le nombre de bateaux à y employer; les huîtrières à tenir en réserve pendant l'année et celles où doivent être reportées les huîtres n'ayant pas les dimensions réglementaires ou qui ont été pêchées en contravention.

Le coquillage ainsi rejeté à la mer est toujours déposé sur des huîtrières tenues en réserve.

ART. 93.

Amers et points de reconnaissance des huîtrières.

Les rapports des commissions indiquent en outre les amers propres à fixer l'exacte délimitation de chaque huîtrière.

A défaut d'amers pouvant servir à cette délimitation, les bancs sont signalés par le placement, aux frais des pêcheurs, d'un nombre de bouées suffisant pour faire reconnaître l'huîtrière ou la partie de l'huîtrière mise en exploitation.

Dans les quartiers où il existe des communautés de pêcheurs, les frais occasionnés par le placement des bouées sont supportés par ces communautés.

La perte ou l'absence des signes de délimitation placés sur l'eau entraîne l'interdiction de la pêche jusqu'à leur replacement.

ART. 94.

Rapports des commissions. Suite à y donner.

Les rapports mentionnés aux articles précédents sont transmis sous le plus bref délai, par le commissaire de l'inscription maritime, avec l'expression de son opinion, à l'administrateur supérieur du sous-arrondissement.

Après avoir pris communication de ces rapports, le préfet maritime ou le chef du service de la marine à Saint-Servan fixe par des arrêtés les époques d'ouverture et de clôture de la pêche des huîtres, et détermine les bancs qui doivent être mis en exploitation.

Ces arrêtés sont transmis dans la quinzaine au ministre de la marine.

ART. 95.

Bancs à exploiter. Les faire connaître par des affiches.

Les bancs ou portions de bancs définitivement désignés pour être pêchés sont indiqués par des affiches faisant connaître les noms des bancs ou portions de bancs, leur situation, leurs amers et la position des bouées.

Ces affiches sont placées dans l'endroit le plus apparent du quartier, du syndicat ou de la commune où résident les pêcheurs d'huîtres.

ART. 96.

Suspension de la pêche sur les bancs en exploitation.

Si, dans le cours de la pêche, il est reconnu qu'un ou plusieurs bancs ont été suffisamment exploités, les officiers, fonctionnaires ou agents spécialement chargés de la police de la pêche sur ces bancs doivent en suspendre immédiatement l'exercice.

Dans ce cas, ils rendent compte sans délai de leur décision à l'administrateur de l'inscription maritime, qui provoque la convocation de la commission de visite mentionnée à l'article 90.

Le rapport de la commission, accompagné de l'avis de l'administrateur de l'inscription maritime, est transmis au préfet maritime ou au chef du service de la marine à Saint-Servan, qui statue définitivement et rend compte de sa décision au ministre.

Cette décision est portée à la connaissance des pêcheurs de la manière indiquée à l'article précédent.

ART. 97.

Découverte d'un banc nouveau.

Tout pêcheur qui a découvert un nouveau banc d'huîtres est tenu d'en faire immédiatement la déclaration à l'administrateur de son quartier ou à celui du port où il aborde.

Il doit, en outre, donner les amers de ce banc pour qu'il soit visité aussitôt.

ART. 98.

Défense de draguer pendant les marées où la pêche n'a pas été autorisée.

Il est interdit à tout pêcheur de draguer sur des bancs d'huîtres en dehors des marées pendant lesquelles la pêche a été autorisée par les agents chargés de la surveillance.

A cet effet, les bateaux ne doivent pas rester mouillés de nuit sur les bancs; ils sont, au contraire, tenus de rentrer le jour dans le port, sauf les cas de force majeure dont il est justifié devant les agents ci-dessus indiqués et devant l'inspecteur des pêches, ou, à défaut, devant le syndic des gens de mer.

Il leur est également défendu de draguer sur des bancs ou portions de bancs autres que ceux qui ont été désignés conformément à l'article 95.

ART. 99.

Les pêcheurs doivent se tenir exclusivement sur les bancs désignés.

Les bateaux qui se livrent à l'exploitation des bancs ou portions de bancs désignés pour être pêchés ne doivent point draguer au delà des limites qui en déterminent la position.

ART. 100.

Triage des huîtres.

Le triage des huîtres peut être opéré, soit sur les lieux de pêche, soit dans le port.

Dans le premier cas, les équipages sont tenus de rejeter immédiatement à la mer toutes les huîtres qui n'atteignent pas les dimensions réglementaires, ainsi que les poussiers, sables, graviers et fragments d'écailles.

Dans le second cas, le triage est exécuté aussitôt après le déchargement du bateau, et les petites huîtres, ainsi que les matières ci-dessus mentionnées, sont reportées à la plus prochaine marée de jour, sur le banc désigné à cet effet dans la baie où la pêche a eu lieu.

Ce report peut être effectué par un seul des bateaux pêcheurs que l'administrateur de la marine désigne à tour de rôle.

ART. 101.

Mesures coercitives contre les pêcheurs qui n'exécutent pas le triage et le report des petites huîtres.

Si les patrons de bateau négligent de se conformer de suite aux dispositions de l'article précédent, le triage est fait à leurs frais par les personnes que désigne l'inspecteur des pêches ou tout autre agent de surveillance, et les petites huîtres sont reportées, également aux frais des délinquants, avec les détritus ci-dessus mentionnés, sur le banc destiné à les recevoir, et ce sans préjudice des peines prévues par la loi du 9 janvier 1852.

Les patrons de bateau sont personnellement responsables des infractions à l'article précédent commises par leurs appareilleurs.

ART. 102.

Défense de jeter du lest ou des immondices sur les huîtrières.

Il est interdit de jeter sur les huîtrières, et sur les grèves servant aux étalages, aucune immondice ou du lest de navires.

ART. 103.

Dépôt des dragues après la clôture de la pêche des huîtres.

Dans les localités où les dragues ne servent qu'à la pêche des huîtres, elles sont déposées, après avoir été numérotées, dans des lieux déterminés par les administrateurs de l'inscription maritime, depuis la clôture jusqu'à l'ouverture de cette pêche.

Elles sont également laissées à terre pendant la période d'ouverture, lorsque les bateaux sortent pour faire la pêche du poisson frais.

ART. 104.

Mélange des huîtres déposées provisoirement sur le littoral.

Lorsque, par suite d'un coup de vent ou de toute autre cause, des huîtres appartenant à divers particuliers, et momentanément déposées sur la grève, se trouvent confondues, l'inspecteur des pêches, le syndic, les prud'hommes, les gardes-jurés ou les gardes maritimes déterminent au besoin la part afférente à chacun.

Si cet arbitrage ne concilie pas les parties, il en est rendu compte à l'administrateur de l'inscription maritime, qui statue définitivement.

Pêche des moules.

ART. 105.

Défense d'arracher les moules.

Il est défendu d'arracher les moules et le frai des moules à poignées, et de cueillir ces bivalves avec d'autres instruments que ceux que mentionne l'article 56 ci-dessus.

ART. 106.

Défense de jeter des immondices ou du lest sur les moulières.

Il est interdit de jeter sur les moulières aucune immondice, de quelque nature qu'elle soit, ou du lest de navires.

ART. 107.

Dispositions applicables aux moulières importantes.

Les dispositions des articles 90, 91, 92, 93, 94, 95, 96, 97 et 98 du présent titre sont applicables aux moulières importantes que désigne, à cet effet, le préfet maritime ou le chef du service de la marine à Saint-Servan.

Dispositions relatives à la récolte des herbes marines, des madrépores et sables coquilliers.

ART. 108.

Herbes marines. Classification des goëmons.

Les diverses herbes marines connues sous les noms de varech, sart ou goëmon, sont ainsi classées : 1° goëmons tenant à la rive; 2° goëmons venant épaves à la côte; 3° goëmons poussant en mer.

ART. 109.

Goëmons. Définition de chacune des espèces.

Par goëmons tenant à la rive on entend ceux attenant à la partie du littoral que la mer découvre aux basses mers d'équinoxe.

Par goëmons épaves ceux qui, détachés par la mer, sont journellement portés à la côte par le flot.

Par goëmons poussant en mer ceux qui, tenant aux fonds et aux rochers, ne peuvent être atteints de pied sec aux basses mers d'équinoxe.

Goëmon de rive.

ART. 110.

Abandon est fait exclusivement aux habitants de chaque commune du goëmon attenant au rivage de cette commune. Goëmon de rive. Abandon exclusif en est fait.

ART. 111.

Il est expressément défendu de vendre ce goëmon aux forains et de le transporter hors du territoire de la commune, à moins de décision contraire du conseil municipal. Défense de le vendre aux forains et de le transporter hors de la commune.

ART. 112.

La coupe de ce goëmon ne peut avoir lieu qu'une fois par an, dans la période comprise entre le 1er octobre et le 31 mars, aux jours déterminés par l'autorité municipale, qui les fait connaître au commissaire de l'inscription maritime du quartier dans lequel est située la commune. Époque de la coupe. Latitude laissée aux municipalités.

Les municipalités sont chargées, sous la surveillance des préfets des départements, des règlements relatifs à la police et à l'ordre à observer dans l'enlèvement de ce goëmon.

ART. 113.

Par disposition spécialement applicable à l'île de Bréhat, qui ne produit d'autre combustible que le goëmon, une seconde coupe est autorisée; elle est réglée comme il est dit à l'article précédent, et elle a lieu du 1er août au 1er octobre. Une seconde coupe est autorisée pour l'île de Bréhat. Coupe de la pailleule à Granville.

Par dérogation à l'article 112, la coupe de la zostère marine, connue sous le nom de pailleule, pourra commencer le 15 juillet dans le quartier de Granville, où les dispositions de l'article 111 ne sont point applicables à ce fucus.

ART. 114.

Les herbes marines attenantes au sol dans l'intérieur des pêcheries sont également abandonnées aux habitants des communes, qui peuvent les couper aux jours déterminés, ainsi qu'il a été dit à l'article 112, sans que les détenteurs de ces établissements puissent y mettre obstacle. Les herbes marines qui sont attenantes au sol dans les pêcheries sont abandonnées aux communes.

ART. 115.

Droits des propriétaires ruraux des communes du littoral.

Les individus qui possèdent des terres dans les communes du littoral qu'ils n'habitent pas peuvent couper et récolter du goëmon sur les rivages de ces communes, sous la condition de l'employer dans la circonscription desdites communes.

ART. 116.

Dispositions concernant les marins pêcheurs.

Il est expressément défendu aux marins pêcheurs de prendre part aux coupes qui se font sur le littoral d'une autre commune que celle où ils sont domiciliés.

Toutefois, on ne peut, sous aucun prétexte, priver les marins pêcheurs de participer, à titre d'habitants et avec les moyens de transport qu'ils ont à leur disposition, aux coupes générales pratiquées sur le littoral des communes où ils sont domiciliés.

ART. 117.

Bateaux à employer pour la récolte du goëmon de rive et du goëmon épave.

Pour récolter le goëmon de rive et le goëmon épave qui se trouvent sur des parties de la côte inaccessibles par terre, les habitants des communes emploieront comme moyens de transport, pour eux et pour les goëmons, des embarcations montées par des inscrits maritimes et pourvues de rôle d'équipage.

ART. 118.

Transport du goëmon réservé aux communes.

Lorsque, pour le transport du goëmon réservé aux communes, il y a lieu de le disposer en drômes, ces drômes ne peuvent être conduites à terre qu'à la remorque d'un ou de plusieurs bateaux montés par des marins inscrits et pourvus de rôle d'équipage.

Goëmons épaves.

ART. 119.

Autorisation de prendre ce goëmon en tous temps.

Il est permis à toute personne de recueillir en tous temps et en tous lieux, les pêcheries exceptées, les goëmons jetés par les flots sur les grèves, et de les transporter où bon lui semble.

ART. 120.

Défense d'établir des pêcheries à goëmon.

Il est expressément interdit d'établir des pêcheries à goëmon sur le littoral du 2e arrondissement maritime.

ART. 121.

Les goëmons épaves que la mer dépose dans l'intérieur des pêcheries appartiennent aux concessionnaires de ces établissements.

Goëmons épaves déposés dans les pêcheries.

Goëmons poussant en mer.

ART. 122.

La pêche ou récolte du goëmon et de toute autre espèce d'herbes marines est permise, pendant toute l'année, sur les rochers situés en mer et sur les rives des îles désertes.

Récolte permise toute l'année.

On entend par rochers situés en mer ceux où l'on ne peut se rendre à pied sec à la basse mer des marées d'équinoxe.

ART. 123.

La récolte des goëmons poussant en mer ne peut être faite qu'au moyen de bateaux conduits par des hommes appartenant à l'inscription maritime et pourvus de rôles d'équipage.

Bateaux employés pour la récolte du goëmon poussant en mer.

ART. 124.

Néanmoins, pour la récolte de ceux de ces goëmons qui sont destinés aux besoins particuliers des cultivateurs, ces derniers et leurs valets de ferme peuvent accidentellement s'adjoindre aux équipages réguliers des bateaux, sans toutefois que leur nombre puisse excéder deux individus par tonneau, non compris les hommes du bord.

Goëmon destiné à l'usage particulier des cultivateurs.

Dispositions communes à tous les goëmons

ART. 125.

La coupe et la récolte des goëmons ne doivent avoir lieu que pendant le jour.

Il est permis d'arracher ces herbes ou de les couper à la main avec couteaux ou faucilles.

La récolte des goëmons épaves sera opérée avec des fourches ou des perches armées d'un seul croc.

Les goëmons ne doivent être coupés et récoltés que de jour. Instruments autorisés.

ART. 126.

L'usage de la drague est interdit pour recueillir les herbes marines.

Interdiction de la drague pour la récolte

Des goëmons. Exception à cet égard.

Il n'est fait d'exception à cet égard qu'en rade de Brest et pour la pêche du goëmon rouge, ainsi qu'il a été dit à l'article 56.

La récolte de ce dernier goëmon n'a lieu dans ladite rade que sur les points et aux époques déterminés par le préfet maritime.

Amendements marins.

ART. 127.

Instruments autorisés pour l'enlèvement des amendements marins.

L'enlèvement du maërl, des sables coquilliers et des vases de mer peut être effectué avec la drague mentionnée à l'article 56, la cuillère en fer de forme carrée ou les pelles mentionnées au même article.

ART. 128.

Époques et lieux d'enlèvement des amendements marins.

L'enlèvement des amendements marins ne peut être effectué qu'aux époques et dans les lieux déterminés par le préfet maritime ou par le chef du service de la marine à Saint-Servan.

Toutefois, sauf la détermination des lieux, qui doivent toujours être rigoureusement délimités, l'enlèvement du maërl *mort* et des sables coquilliers provenant de l'apport successif opéré par la mer peut se faire toute l'année.

ART. 129.

Les amendements marins ne peuvent être enlevés que de jour.

L'enlèvement des amendements marins n'est permis que de jour et par les seuls moyens indiqués à l'article 123.

Néanmoins, lorsque cet enlèvement se fait au-dessus de la laisse de basse mer, sur les grèves accessibles aux voitures, les cultivateurs peuvent s'y livrer et se servir de ce moyen de transport, mais sur les seules parties de grèves déterminées par l'autorité maritime.

ART. 130.

Limites dans lesquelles le dragage est permis.

Les bateaux employés au dragage des amendements marins ne peuvent exercer cette industrie à moins de 100 mètres des limites extérieures des huîtrières.

ART. 131.

Dragage sur les huîtrières qui se forment ou qui disparaissent.

Lorsque de nouvelles huîtrières se forment ou que d'anciennes se repeuplent, tout autre dragage que celui des huîtres cesse sur les points par elles occupés.

Si, au contraire, quelques unes des huîtrières reconnues

viennent à disparaître complétement, le dragage des amendements marins peut se faire dans leurs emplacements.

Ces changements de délimitation doivent toujours être autorisés par des arrêtés du préfet maritime ou du chef du service de la marine à Saint-Servan.

Classification du poisson réputé frai. — Prohibitions relatives à la pêche du frai. — Dimensions au-dessous desquelles les diverses espèces de poissons et de coquillages ne peuvent être pêchées.

ART. 132.

Œufs de poisson et de crustacés.

Les œufs de tous les poissons et ceux des crustacés sont compris sous la dénomination de frai.

Il est interdit de les pêcher ou recueillir, de quelque manière que ce soit, sauf l'exception prévue à l'article 142.

La gueldre est assimilée au frai.

ART. 133.

Dimensions réglementaires des poissons et des coquillages.

Il est interdit de pêcher les poissons, crustacés et coquillages indiqués ci-après qui n'ont pas les dimensions suivantes :

Poissons ronds	Longueur de l'œil à la naissance de la queue	Colin. Alose. Feinte. Saumon. Esturgeon. Morue.	270mm
		Bar. Mulet. Lieu. Dorade.	160mm
		Merlan. Grondin. Surmulet ou rouget. Maquereau. Truite saumonée. Vive. Vieille. Brême.	120mm
Poissons plats	Longueur de l'œil à la naissance de la queue.	Turbot. Raie.	200mm
		Plie. Barbue. Sole. Carrelet. Limande.	160mm

Poissons longs	Longueur de l'œil à la naissance de la queue.	Congre	270mm
		Anguille	
		Lingue	
Crustacés	Longueur de l'œil à la naissance de la queue	Homards	200mm
		Langoustes	
		Chevrettes	030mm
Coquillages	Diamètre dans la plus grande largeur.	Huîtres	060mm
		—— de Tréguier	040mm
	Longueur.	Moules	030mm

ART. 134.

Poissons dont la longueur n'atteint pas 81mm.

Il est également défendu de pêcher tous les poissons de mer non dénommés ci-dessus, sauf les exceptions prévues aux articles 135 et 136, dont la longueur mesurée de l'œil à la naissance de la queue est au-dessous de 81 millimètres.

La même défense s'applique aux poissons d'eau douce qui n'ont pas les dimensions prescrites par les règlements rendus en vertu de la loi du 15 avril 1829.

ART. 135.

Poissons et coquillages qu'il est permis de pêcher sans dimension de taille.

Il est néanmoins permis de pêcher, quelles que soient leurs dimensions, mais avec les filets et engins déterminés par le présent décret, les poissons qui s'ensablent, tels que les aiguilles, lançons et autres de même espèce.

La pêche des crustacés et coquillages non dénommés à l'article 133 est également autorisée sans minimum de dimensions, mais avec les engins et instruments permis.

ART. 136.

Poissons destinés à servir d'appât.

Il est également permis de prendre, quelles que soient leurs dimensions, les poissons connus sous les noms de blanche, blaquet, blanche-mélie, menuse et saumonnelle, à la condition expresse que ces poissons ne pourront être employés que comme appât.

Cette pêche ne doit d'ailleurs être faite qu'avec les filets, engins et instruments permis par le présent décret.

TITRE VII.

PROHIBITIONS RELATIVES À LA MISE EN VENTE, À L'ACHAT, AU TRANSPORT ET AU COLPORTAGE, AINSI QU'À L'EMPLOI, POUR QUELQUE USAGE QUE CE SOIT, DU FRAI OU DU POISSON ASSIMILÉ AU FRAI, DU POISSON ET DU COQUILLAGE QUI N'ATTEIGNENT PAS LES DIMENSIONS PRESCRITES.

ART. 137.

Frai, fretin, poissons, crustacés et coquillages au-dessous des dimensions réglementaires.

Il est interdit de donner ou de faire donner, de saler, d'acheter, de vendre ou de faire vendre, de transporter, de colporter et d'employer à un usage quelconque, notamment à la nourriture des animaux et à l'engrais des terres :

1° Le frai et le crustacé désignés à l'article 132 ;

2° Les poissons, crustacés et coquillages nomenclaturés à l'article 133, et qui n'ont pas la dimension minimum y indiquée pour chaque espèce;

3° Les poissons mentionnés à l'article 134.

ART. 138.

Poissons exclusivement destinés à servir d'appât.

Il est également défendu de vendre, d'acheter, de transporter, de colporter et d'employer autrement que comme appât, les poissons dénommés en l'article 136.

ART. 139.

Moules recueillies sur la carène des navires doublés en cuivre.

Il est défendu en tout temps d'exposer ou de mettre en vente les moules recueillies sur la carène des navires doublés en cuivre.

ART. 140.

Visite des poissons et coquillages colportés.

Il est prescrit aux pêcheurs en bateaux ou à pied, aux détenteurs de pêcheries, de parcs à huîtres, à moules et de dépôts de coquillages, aux marchands, colporteurs, voituriers, capitaines, maîtres ou patrons, et à tous ceux qui transportent du poisson et du coquillage, de laisser visiter à la première réquisition, par les officiers, administrateurs ou agents chargés de la police des pêches, leurs bateaux, voitures, mannes et autres objets contenant le poisson ou le coquillage.

TITRE VIII.

APPÂTS DÉFENDUS.

ART. 141.

Désignation des appâts défendus.

Il est défendu d'employer comme appât le frai et le crustacé assimilé au frai mentionnés à l'article 132, les poissons nomenclaturés à l'article 133 et qui n'ont point les dimensions réglementaires, ainsi que ceux qui sont dénommés à l'article 134.

ART. 142.

Résure, rave ou rogue.

Il est néanmoins permis d'employer, pour la pêche de la sardine, de la résure, rave ou rogue, pourvu qu'elle soit de bonne qualité. Celle qui ne remplit pas cette condition est considérée comme appât prohibé, et la destruction en est poursuivie.

ART. 143.

Drogues et liquides. Défense de s'en servir pour appât.

Il est défendu de jeter dans les eaux de la mer, le long des côtes et dans la partie des fleuves, rivières, canaux et étangs où les eaux sont salées, de la chaux, des noix vomiques, des noix de cyprès, des coques du Levant, de la momie, du musc, et toutes autres drogues ou liquides pour servir d'appât, enivrer, ou empoisonner le poisson.

TITRE IX.

CONDITIONS D'ÉTABLISSEMENT DE PÊCHERIES, DE PARCS À HUÎTRES, À MOULES ET DE DÉPÔTS DE COQUILLAGES. — CONDITIONS DE LEUR EXPLOITATION. — RETS, FILETS, ENGINS, BATEAUX ET AUTRES INSTRUMENTS ET MATÉRIAUX QUI PEUVENT Y ÊTRE EMPLOYÉS.

ART. 144.

Établissements de pêcheries fondés en vertu d'autorisations régulières.

Sont provisoirement maintenus les pêcheries, les parcs à huîtres ou à moules et les dépôts de coquillages, établis en vertu d'autorisations régulières, dont les détenteurs se conformeront aux dispositions ci-après.

ART. 145.

Démolition des parcs et pêcheries.

Tous les détenteurs de pêcheries, parcs à huîtres ou à moules et dépôts quelconques de coquillages, qui ne produiront point de titres dans le délai de trois mois, à dater de la notification du présent décret, laquelle leur sera faite par les commissaires de l'inscription maritime de leurs quartiers respectifs, aussitôt après sa promulgation, seront tenus de démolir immédiatement, à leurs frais, ces établissements.

ART. 146.

Recensement à opérer.

A l'expiration de ce délai, il sera procédé au recensement général des pêcheries, parcs à huîtres ou à moules et lieux de dépôt de coquillages existant dans chaque quartier.

Ce recensement sera opéré par le commissaire de l'inscription maritime qui s'adjoindra un officier de vaisseau désigné par le préfet maritime ou par le chef du service de la marine à Saint-Servan, et un pilote de la station locale.

Le procès-verbal de cette opération signalera ceux de ces établissements qui seraient nuisibles à la navigation.

ART. 147.

État de ces établissements à dresser par le commissaire de l'inscription maritime.

Dans chaque quartier, le commissaire de l'inscription maritime dressera un état descriptif de tous les établissements de pêcheries, indiquant les points de la côte sur lesquels ils sont situés, la date de l'autorisation et les noms des détenteurs.

Cet état sera transmis par l'administrateur supérieur du sous-arrondissement au préfet maritime à Brest, pour être examiné en conseil d'administration, et envoyé au ministre de la marine, qui statuera.

ART. 148.

Registre à tenir dans les quartiers.

Les commissaires de l'inscription maritime tiennent un registre sur lequel sont consignés les renseignements suivants :

La configuration, la position, les limites des pêcheries, parcs ou dépôts du ressort, ainsi que les noms des détenteurs, les titres ou autorisations et leur date.

ART. 149.

Travaux d'appropriation.

Toute autorisation de former des pêcheries, parcs à huîtres ou à moules, ou lieux de dépôt de coquillage, doit, sous peine d'annulation, être suivie des travaux d'appropriation dans l'année de sa date.

ART. 150.

Privilége en faveur des marins.

Ces autorisations sont accordées de préférence aux inscrits maritimes ou à leurs familles.

Toutefois, les marchands d'huîtres sont au même titre admis à jouir de ces autorisations, en ce qui touche les parcs servant de lieu de dépôt à ce coquillage.

Pêcheries en pierre ou écluses.

ART. 151.

Construction des pêcheries en pierre ou écluses.

Les pêcheries en pierre ou écluses sont construites sans chaux, mortier, ni ciment; elles n'ont pas d'autre forme que celle d'un demi-cercle ou d'un seul angle dont les extrémités se dirigent vers le rivage; la hauteur des murs ne peut dépasser 1m30.

ART. 152.

Ouverture de ces pêcheries. Forme et dimensions. Époque et manière de les fermer.

Ces pêcheries ont dans leur partie la plus basse, du côté de la haute mer, une seule ouverture prise dans toute la hauteur des murs, ayant au moins 1m30 de largeur et 2 mètres au plus de longueur de goulet.

Ladite ouverture est fermée d'une grille en bois placée à moitié de la longueur du goulet, et percée de trous en forme de mailles, de 27 millimètres au moins en carré du 1er septembre au 1er mai, et de 54 millimètres au moins en carré du 1er mai au 1er septembre.

Pêcheries en bois ou bouchots.

ART. 153.

Construction des pêcheries en bois ou bouchots.

Les pêcheries en bois ou bouchots sont construites en bois entrelacés comme claies autour de pieux enfoncés dans le sol et placés en forme d'équerre en ligne diagonale de la côte à la mer.

La hauteur de ces pieux ne peut excéder 1m,600 au-dessus du sol.

ART. 154.

Ouverture des bouchots.

Les bouchots ont dans leur partie la plus basse, du côté de la mer, une ouverture d'un mètre de largeur au moins, prise dans toute la hauteur du clayonnage.

Du 1er mai au 1er septembre, cette ouverture ne peut être fermée par des filets, grilles, paniers ni autre chose.

ART. 155.

Fermeture des bouchots.

Du 1er septembre au 1er mai, l'ouverture des bouchots peut être close au moyen d'un filet simple dont les mailles ont au moins 27 millimètres en carré, ou d'une grille de bois ayant les trous en forme de mailles du même calibre.

Le filet et la grille mentionnés ci-dessus peuvent être remplacés par un seul benâtre circulaire de 3 mètres de diamètre placé à l'extrémité de l'ouverture du côté de la haute mer.

Ce benâtre, d'une hauteur égale à celle du clayonnage de la pêcherie, est fait de pieux enfoncés dans le sol, en forme de cercle, à 65 millimètres au moins les uns des autres, et servant de support à une grille percée de trous dont la maille a au moins 27 millimètres en carré.

Les deux extrémités du benâtre s'appuient sur chaque côté de l'ouverture.

ART. 156.

Ouverture des bouchots pendant l'été.

Du 1er mai au 1er septembre de chaque année, les filets et les grilles ci-dessus énoncés sont retirés, et il est enlevé 2 mètres de la partie du benâtre tournée vers la mer.

ART. 157.

Pieux à planter dans l'intérieur des bouchots.

De chaque côté de l'ouverture des bouchots, et à 270 millimètres les uns des autres, il est planté cinq pieux au moins destinés à retenir les herbes marines, afin qu'elles n'obstruent ni les mailles des filets, ni les trous des grilles.

Dispositions communes aux pêcheries en pierre ou écluses, et aux pêcheries en bois ou bouchots.

ART. 158.

La fermeture de ces pêcheries ne doit être opérée que par les moyens indiqués.

Il est interdit de clore les pêcheries en pierre et les bouchots autrement que le comportent les articles 152 et 155 ci-dessus.

Il est également défendu de placer à l'intérieur de ces établissements des clayonnages, filets, engins et autres instruments sédentaires propres à retenir ou à prendre le poisson.

Le plan de ces pêcheries est uniformément incliné vers la mer.

Elles renferment auprès de leur ouverture, du côté de la mer, une cavité assez grande pour conserver vivant, à marée basse, le petit poisson.

ART. 159.

Enlèvement des herbes marines déposées par la mer dans les pêcheries.

Les détenteurs des pêcheries en pierre ou des bouchots sont tenus de faire enlever à chaque marée les herbes marines et autres objets que la mer dépose dans l'intérieur de ces établissements.

ART. 160.

Bras ou pannes des pêcheries.

Les bras ou pannes, formant les côtés des pêcheries en pierre ou des pêcheries en bois ou bouchots ne peuvent avoir plus de 200 mètres de longueur. Leur ouverture du côté de la terre ne doit pas excéder cette dimension.

ART. 161.

Instruments de pêche à employer dans l'intérieur des pêcheries.

Dans l'intérieur des pêcheries, ainsi que dans les cavités ménagées pour la conservation du fretin, on ne peut employer que des filets, instruments ou engins autorisés par le présent décret.

ART. 162.

Prohibition de tendre des filets à moins de 60 mètres au-dessous de l'ouverture des pêcheries.

Il est défendu aux détenteurs de ces établissements et à tous autres de tendre ou de faire tendre des filets ou autres engins de pêche, à moins de 60 mètres au-dessous de leur ouverture.

ART. 163.

Droit exclusif des détenteurs de pêcheries.

Défense est faite aux pêcheurs autres que les détenteurs des pêcheries de tendre ou de jeter aucun filet, soit à l'intérieur de ces établissements, soit à moins de 10 mètres au-dessus de leur ouverture du côté de la terre.

Au delà de cette limite, tous les pêcheurs sont libres d'exercer leur industrie, et il est interdit aux détenteurs des pêcheries d'y porter obstacle.

ART. 164.

Distance à laisser entre chaque pêcherie.

Les pêcheries en pierre ou en bois, qui seront établies à l'avenir, ne pourront être placées à moins de 100 mètres les unes des autres.

ART. 165.

Il est interdit de modifier la position des pêcheries.

Il est défendu aux détenteurs des pêcheries en pierre ou en bois de les changer de place, ou de modifier la direction de leurs pannes, sans l'autorisation du ministre de la marine.

ART. 166.

Numéros d'ordre à donner aux parcs et aux pêcheries.

Toutes les pêcheries en pierre ou en bois portent un numéro d'ordre qui est placé à l'un des angles de l'ouverture du côté de la mer, de façon à ce qu'il ne puisse jamais être submergé et reste toujours apparent.

Pêcheries temporaires.

Hauts parcs.

ART. 167.

Mode de construction des hauts parcs.

Les pêcheries connues sous le nom de hauts parcs sont tendues en ligne droite de la côte vers la mer, sur des perches dont la hauteur ne peut excéder $4^m,800$ hors du sol, et qui doivent être éloignées, les unes des autres, de $2^m,600$ au moins.

La maille du filet a 27 millimètres au moins en carré : ces filets sont tendus de manière à ce que leur extrémité inférieure soit toujours éloignée du sol de 162 millimètres au moins.

Les hauts parcs ne peuvent être tendus à moins de 40 mètres de distance les uns des autres.

Bas parcs.

ART. 168.

Construction des bas parcs.

Sont compris sous la dénomination de bas parcs tous filets tendus à la basse eau, à l'aide de piquets ou autrement, et dont l'extrémité inférieure repose sur le sol.

Les filets servant aux pêcheries nommées bas parcs ou bas étaliers et venets ont les mailles de 54 millimètres au moins en carré; ils sont tendus de manière à ce que leurs mailles restent toujours ouvertes.

Ces filets peuvent reposer sur le sol, mais ne doivent jamais y être enfouis.

ART. 169.

Hauteur des pieux.

Les pieux formant les bas parcs ont au plus 1m,30 de hauteur hors des sables; ils peuvent être plantés en équerre, fer à cheval, demi-cercle ou crochet, et sont éloignés les uns des autres de 1m,60 au moins.

ART. 170.

Ouverture des bas parcs.

L'ouverture des bas parcs, formés en équerre, en fer à cheval, en demi-cercle ou crochet, ne peut excéder 80 mètres.

ART. 171.

Bras ou pannes.

Les bas parcs, qui sont formés en équerre, ont les ailes ou pannes de 80 mètres de longueur au plus; ceux qui sont formés en fer à cheval, en demi-cercle ou en crochet ne peuvent avoir que 160 mètres de contour, de sorte que, pour la garniture de ces pêcheries, il ne soit pas employé plus de 160 mètres de filet.

ART. 172.

Placement des pieux.

Les pieux des bas parcs, formés en équerre, sont placés en ligne droite pour ne faire qu'un seul angle dans le fond de la pêcherie.

ART. 173.

Distance entre les bas parcs.

Les bas parcs ne peuvent être établis à moins de 32 mètres de distance les uns des autres.

ART. 174.

Défense d'apposer aucun engin à l'angle des bas parcs.

Il est défendu de placer à l'angle ou au fond des bas parcs des benâtres, verveux ou autres instruments quelconques.

ART. 175.

Époque de la pêche aux bas parcs.

La pêche aux bas parcs est généralement interdite depuis le 1er avril jusqu'au 1er septembre; pendant ce temps les pieux et filets doivent être enlevés.

Les titres des quartiers où cette pêche est prohibée d'une manière absolue mentionnent cette prohibition.

ART. 176.

Interdiction

Il est défendu d'établir, avec des bas parcs ou tous autres filets, des barrages dans les fleuves, rivières, canaux, ruisseaux, chenaux, anses et petits havres, ainsi que sur les grèves.

de barrer les rivières, canaux, ruisseaux, etc. avec des bas parcs ou tous autres filets.

Réservoirs à homards, langoustes et autres crustacés.

ART. 177.

Constructiondes réservoirs à homards.

Les réservoirs à homards, langoustes et autres crustacés sont formés de pierres ou de bois et ne peuvent avoir plus de 8 mètres de côté, ni plus de 1^{m},50 de hauteur de murailles : il est facultatif de les couvrir.

Il est pratiqué, à leur partie inférieure, une ouverture de 1 mètre de large, qui ne peut être fermée que d'un filet dont les mailles ont au moins 54 millimètres en carré, ou d'une grille de bois percée de trous ayant également 54 millimètres en carré.

Dispositions communes aux parcs à huîtres ou à moules et aux dépôts de coquillages.

ART. 178.

Maintien des parcs et dépôts à huîtres.

Les parcs à huîtres ou à moules et les dépôts de coquillages établis en vertu d'autorisations régulières sont provisoirement maintenus, conformément à l'article 144, à la condition que leurs détenteurs se soumettront aux dispositions du présent décret.

Ces autorisations sont accordées à titre gratuit. La durée n'en est pas limitée.

Les conditions relatives à la construction de ces établissements sont indiquées au titre de chaque quartier.

ART. 179.

Nouvelle répartition de ces établissements.

Dans un délai de six mois, à partir de la promulgation du présent décret, il sera procédé à une répartition nouvelle des parcs à huîtres ou à moules et des dépôts et étalages.

ART. 180.

Par qui est faite cette répartition.

Ce travail sera préparé dans chaque quartier par une commission que formera le ministre de la marine, à l'approbation duquel sera soumis le projet de répartition.

ART. 181.

Répartition annuelle par suite de vacance.

A la fin de chaque année, la même commission procède à la répartition des parcs à huîtres ou à moules et des dépôts de coquillages devenus vacants par suite de décès, de cessation de commerce, d'éviction ou de toute autre cause.

Dans l'intervalle qui s'écoule entre l'époque où des parcs, dépôts ou étalages sont devenus vacants et la répartition susmentionnée, le commissaire de l'inscription maritime peut en autoriser la jouissance provisoire, suivant qu'il le juge convenable.

ART. 182.

Interdiction de vendre ou louer ces établissements.

Il est interdit aux détenteurs des parcs, des dépôts et étalages de vendre, louer ou transmettre, à quelque titre que ce soit, ces établissements.

ART. 183.

Interdiction de pêcher du poisson dans les parcs à huîtres ou à moules.

Les parcs à huîtres ou à moules et les dépôts de coquillage, construits de manière à pouvoir retenir l'eau, ne doivent, en aucun cas, servir de pêcheries à poisson.

Il est interdit de prendre le fretin qui peut y être retenu.

ART. 184.

Huîtres au-dessous de la dimension réglementaire.

Les détenteurs de parcs, dépôts ou étalages à huîtres qui introduisent dans leurs établissements des huîtres au-dessous de la dimension réglementaire sont tenus de les reporter, à leurs frais, sur les bancs indiqués par l'administration, sans préjudice des peines édictées par l'article 7 de la loi du 9 janvier 1852.

Toutefois, il est fait une exception à cette mesure relativement aux étalages de Cancale, ainsi qu'il est dit à l'article 336.

ART. 185.

Huîtres gisant en dehors des parcs, dépôts ou étalages.

Les huîtres gisant hors de l'enceinte des parcs, dépôts et étalages ne peuvent être revendiquées par les détenteurs de ces établissements, s'il n'est constaté qu'elles en ont été enlevées par la mer ou par tout autre accident de force majeure.

ART. 186.

Parcs établis sur des propriétés particulières.

Les parcs, dépôts ou étalages à huîtres établis dans les propriétés particulières, au moyen de prise d'eau salée, sont soumis aux mêmes règles de police et de surveillance que ceux qui sont fondés sur les grèves.

TITRE X.

MESURES DE POLICE TOUCHANT L'EXERCICE DE LA PÊCHE À PIED.

ART. 187.

Nul ne peut se livrer habituellement à la pêche à pied avec filets sans en avoir fait la déclaration au commissaire de l'inscription maritime.

Déclaration nécessaire pour se livrer à la pêche à pied avec filets.

ART. 188.

Les pêcheurs à pied sont soumis, en ce qu'elles ont d'applicables à ce genre de pêche, à toutes les dispositions du présent décret relatives aux époques d'ouverture, de clôture et aux heures d'exercice des diverses pêches; à la forme et à la dimension des rets, filets, engins et procédés de pêche; aux mesures tendant à la conservation du frai, du poisson et du coquillage au-dessous des dimensions réglementaires; aux prohibitions relatives à la pêche, à la mise en vente, à l'achat, au transport et au colportage du frai, du poisson assimilé au frai et de celui qui n'a pas atteint la dimension minimum déterminée; aux appâts défendus; aux diverses conditions imposées pour l'établissement et l'exploitation des pêcheries, parcs, étalages et dépôts pour les huîtres; et enfin à toutes les mesures d'ordre, de police et de précaution ayant pour but de conserver la pêche et d'en régler l'exercice.

Dispositions applicables à la pêche à pied.

ART. 189.

Il est interdit à tous pêcheurs à pied d'employer aucun filet, engin ou instrument quelconque pour faire la pêche des huîtres.

Ils ne peuvent recueillir ce coquillage qu'à la main.

Défense de se livrer à pied à la pêche des huîtres avec engins ou instruments quelconques.

TITRE XI.

MESURES D'ORDRE ET DE PRÉCAUTION PROPRES À ASSURER LA CONSERVATION DE LA PÊCHE ET À EN RÉGLER L'EXERCICE.

ART. 190.

Le préfet maritime ou le chef du service de la marine à Saint-Servan peut autoriser la pêche dans l'intérieur des ports et des

Pêche dans les ports et dans les bassins du commerce.

bassins du commerce, après s'être concerté avec l'autorité compétente, lorsque cette autorisation n'entraîne point d'inconvénient, soit pour la conservation des ouvrages hydrauliques, civils ou militaires, soit pour le mouvement des bâtiments de mer.

Cette pêche est réservée aux marins infirmes et privés de secours, aux veuves et aux orphelins de marins domiciliés dans le port.

Chaque année, au mois de décembre, le commissaire du quartier arrête la liste des personnes qui demandent à être admises à faire cette pêche, et choisit parmi elles les plus méritantes.

ART. 191.

Lettres initiales et numéros des bateaux.

Indépendamment du nom et de l'indicatiou du port d'attache qu'ils doivent porter à la poupe, en conformité de l'article 6 de la loi du 19 mars 1852, les bateaux de pêche portent la lettre initiale de leur port d'attache et leur numéro d'inscription.

ART. 192.

Indication des lettres initiales par quartiers et par sous-quartiers.

Les lettres initiales arrêtées pour les divers ports du 2e arrondissement maritime sont les suivantes :

Quartier de Granville	G.
——— de Saint-Malo	St Mo
Sous-quartier de Cancale	St Mo C.
Quartier de Dinan	D.
——— de Saint-Brieuc	St B.
Sous-quartier de Binic	St B. B.
Quartier de Paimpol	P.
Sous-quartier de Tréguier	P. T.
Quartier de Morlaix	M.
Sous-quartier de Lannion	M. L.
——— de Roscoff	M. R.
Quartier de Brest	B.
Sous-quartier du Conquet	B. L. C.
——— de Camaret	B. C.
Quartier de Quimper	Q.
Sous-quartier de Douarnenez	Q. D.
——— d'Audierne	Q. A.

ART. 193.

Placement et dimensions des lettres et des numéros.

Les lettres et les numéros d'inscription sont placés de chaque côté de l'avant du bateau, à 8 ou 10 centimètres au-dessus du plat-bord, et doivent être peints en blanc à l'huile sur un fond noir.

Les dimensions de ces lettres et de ces numéros sont, pour les bateaux de 15 tonneaux et au-dessus, de 45 centimètres de hauteur sur 6 centimètres de trait.

Pour les bateaux au-dessous de 15 tonneaux, ces dimensions sont de 25 centimètres de hauteur sur 4 centimètres de trait.

Les mêmes lettres et numéros sont également placés sur chaque côté de la grande voile du bateau, et peints à l'huile, en noir, sur les voiles blanches, et en blanc, aussi à l'huile, sur les voiles tannées ou noires.

Ces lettres et numéros ainsi portés sur les voiles ont un tiers de plus de dimension en tous sens que ceux qui sont portés sur l'avant du bateau.

ART. 194.

Défense d'effacer ou de cacher les lettres et les numéros des bateaux.

Il est interdit d'effacer, de couvrir ou de cacher, par aucun moyen quelconque, les lettres et les numéros placés sur les bateaux et sur les voiles.

ART. 195.

Ces lettres et ces numéros doivent être portés sur les instruments de pêche des bateaux.

Les lettres et les numéros affectés à chaque bateau sont portés sur les bouées, barils et flottes principales de chaque filet et sur tous les autres instruments de pêche appartenant à ce bateau.

Ces lettres et ces numéros sont de dimensions suffisantes pour être facilement reconnus.

Les propriétaires de filets ou autres instruments de pêche peuvent en outre les marquer de tels signes qu'ils jugent convenable, sauf à en donner avis au syndic des gens de mer, qui en tient note.

ART. 196.

Bateaux de seine.

Lorsqu'une seine est jetée à la mer, nulle embarcation ne doit traverser l'espace circonscrit par ce filet, y stationner, ni s'en approcher à une distance nuisible à la pêche du propriétaire de la seine.

La seine ne peut être jetée à moins de 40 mètres de tout filet sédentaire.

ART. 197.

Embarcations sans équipages.

Il est interdit aux pêcheurs de placer une embarcation sans équipage sur un lieu de pêche quelconque, pour garder ce lieu d'une marée à l'autre.

Il leur est également interdit d'amarrer ou de tenir leurs bateaux sur les filets, bouées ou toute autre partie de l'attirail de pêche d'un autre pêcheur,

Il leur est en outre défendu de crocher, soulever ou visiter, sous quelque prétexte que ce soit, les filets et engins qui ne leur appartiennent pas.

ART. 198.

Bouées à placer sur les filets dormants.

Les pêcheurs aux folles, tramaux et autres filets dormants sont tenus de placer des bouées sur leurs filets, afin que les bâtiments puissent les éviter.

ART. 199.

Bateaux pêchant aux cordes.

Tout bateau pêchant aux cordes doit se tenir sur ses lignes, soit en mouillant, soit en mettant en panne, suivant que la marée l'exige.

Sont dispensés de cette obligation les bateaux qui pêchent à moins de 6 milles en mer.

ART. 200.

Lignes mêlées.

Lorsqu'un bateau pêchant aux cordes croise ses lignes avec celles d'une autre embarcation, le patron qui les lève ne les coupe pas, à moins de force majeure; et, dans ce cas, la corde coupée est immédiatement renouée.

ART. 201.

Filets sans bouées.

Hors le cas prévu par l'article 70 du présent décret, les filets trouvés sans bouées, mais revêtus d'une marque régulière, ne donnent droit à aucune indemnité.

Ceux de ces filets qui n'ont ni bouées ni marques sont considérés comme épaves.

ART. 202.

Visite annuelle des bateaux pêcheurs.

Il est fait annuellement, aux époques déterminées par les commissaires de l'inscription maritime, une visite de tous les bateaux pêcheurs.

Cette visite est opérée par le syndic des gens de mer, assisté d'un ou de deux gardes maritimes. A défaut de ces derniers, le syndic s'adjoint deux prud'hommes pêcheurs, deux gardes-jurés ou deux anciens patrons de bateau.

Le rôle d'équipage est retenu ou n'est pas délivré à ceux des patrons dont les bateaux n'ont pas été trouvés en état d'aller en mer.

ART. 203.

Visite des bateaux par suite d'avaries.

Les bateaux qui ont subi de graves avaries sont assujettis à la même visite.

ART. 204.

Défense d'attirer le poisson avec des feux, de le faire fuir en battant l'eau et de le retenir au moyen de fascines, amas de pierres, etc.

Il est défendu :

1° D'attirer le poisson en pêchant la nuit avec flambeaux, brandons et autres feux, ou en employant des clairons ou trompettes ;

2° De faire fuir le poisson pour qu'il donne dans des filets, engins ou instruments de pêche, en troublant et battant l'eau avec des perches ou rabots, ou d'épouvanter le poisson avec des chaînes, cliquettes, ou de toute autre manière ;

3° De retenir le poisson en plaçant des fascines ou amas de pierre aux passelis et digues des moulins, en établissant des batardeaux à l'embouchure des noues, canaux et fossés, ou en détournant le cours des eaux, afin de former des mares d'où le poisson ne puisse plus sortir.

ART. 205.

Usines. Mesures de précaution.

Il est interdit aux propriétaires d'usines établies sur le littoral de répandre dans la mer ou dans la partie salée des fleuves, rivières et canaux, les eaux ayant servi aux besoins de leur industrie, si elles sont de nature à faire périr le poisson.

ART. 206.

Peines disciplinaires.

Les infractions au présent décret, qui, à raison de leur peu d'importance, ne méritent pas d'être déférées aux poursuites du ministère public, sont punies disciplinairement, en vertu de l'article 58 de la loi du 24 mars 1852.

TITRE XII.

DISPOSITIONS TRANSITOIRES.

ART. 207.

Mesures concernant les filets non réglementaires.

Il est accordé aux pêcheurs un délai de six mois, à partir de la date de la publication du présent décret, pour se conformer aux dispositions qu'il prescrit relativement à la forme des filets et aux dimensions des mailles.

Toutefois, cette tolérance ne s'applique pas aux filets, engins ou instruments de pêche non autorisés par le présent décret, et dont l'usage est immédiatement interdit.

ART. 208.

Pêcheries non réglementaires.

Les détenteurs de pêcheries en pierre ou en bois sont tenus, dans le délai ci-dessus énoncé, de se conformer aux prescriptions du présent décret, relativement à l'installation de leurs établissements, sauf en ce qui concerne la distance à laisser entre chaque pêcherie et la largeur d'ouverture du côté de terre.

Ce délai n'est pas applicable aux prescriptions concernant la largeur des mailles des filets ou des grilles placés à l'ouverture des pêcheries en pierre ou en bois, non plus qu'aux époques pendant lesquelles ces dernières ne doivent pas être closes. Les dispositions du présent décret sont immédiatement exécutoires à cet égard.

TITRE XIII.

DISPOSITIONS SPÉCIALES AU SOUS-ARRONDISSEMENT DE SAINT-SERVAN.

ART. 209.

Littoral du sous-arrondissement de Saint-Servan.

Le littoral du sous-arrondissement de Saint-Servan est limité au nord par l'embouchure de la rivière d'Ay, dans la baie de Saint-Germain, et au sud par la rivière de l'Arguenon.

Il comprend les trois quartiers ci-après dénommés :

Granville,
Saint-Malo,
Dinan.

TITRE XIV.

DISPOSITIONS SPÉCIALES AU QUARTIER DE GRANVILLE.

Ire SECTION.

LIMITES DU QUARTIER DE GRANVILLE.

ART. 210.

Le littoral du quartier de Granville est limité au nord par l'embouchure de la rivière d'Ay, et au midi par l'embouchure de la rivière du Couesnon. Limites du quartier de Granville.

IIe SECTION.

ÉPOQUE D'OUVERTURE ET DE CLÔTURE DES DIVERSES PÊCHES.

Pêche des huîtres.

ART. 211.

La pêche des huîtres faite à pied ou à la main est permise pendant toute l'année. Pêche des huîtres faite à pied.

La pêche des homards et des langoustes est également permise pendant toute l'année.

IIIe SECTION.

RETS, FILETS, ENGINS, INSTRUMENTS, PROCÉDÉS ET MODES DE PÊCHE PERMIS.

ART. 212.

Les rets, filets, engins, instruments, procédés et modes de pêche dont l'usage est permis dans le quartier de Granville, sous les conditions exprimées en l'article 56 des dispositions générales et moyennant celles qui suivent, sont : Rets, filets, engins et instruments de pêche permis.

1° Les folles;

2° Les demi-folles, grandes canières, grandes pentières et grands rieux;

3° Les petites canières, petites pentières, petits rieux et autres filets à nappes simples, lestés et flottés, connus sous tels noms et dénominations que ce puisse être;

4° Les tramaux sédentaires et autres filets tramaillés;

5° Le chalut, dont l'emploi est permis pendant toute l'année, en dehors des limites ci-après déterminées :

Depuis la baie de Saint-Germain jusque par le travers du clo cher de Bréville, à un mille au large de la laisse de basse mer aux marées d'équinoxe ;

Entre Bréville et Granville, pas plus à terre que le bouquet d'arbres de Monthuchon par l'église de Montmartin, jusqu'à ce qu'on arrive à voir le bouquet de bois de Beauvoir par la pointe ouest de Tombelaine ;

Entre Granville et Bouillon, pas plus à terre que le bouquet de bois de Beauvoir par la pointe ouest de Tombelaine, jusqu'à ce qu'on arrive à voir le bouquet de bois de Grainville par la Maison-Blanche située sur la pointe où finit l'anse de Saint-Pair, au côté nord ;

Par le travers des monts Saint-Michel et Tombelaine et jusqu'en face de l'embouchure du Couesnon, pas plus à terre que le bois de Grainville, par la maison située sur la pointe où finit l'anse de Saint-Pair, du côté nord, juqu'à ce qu'on arrive à voir l'église de Saint-Aubin par la pointe dite du Pignon qui se trouve entre Bouillon et Carolles ;

Iles Chausey : à l'extérieur de ces îles et pas plus près qu'à un mille de la laisse de basse mer.

6° La grande seine à jet.

Ce filet est permis pendant toute l'année. Depuis le 1er octobre jusqu'au 15 mars, il peut être débordé, soit au large, au moulinet, soit à terre ; du 15 mars au 1er octobre, il ne peut être débordé qu'au large, au moulinet.

7° Les rets à hareng.

L'usage de ces filets n'est permis que du 15 octobre au 15 février.

8° Les rets à grados.

Ce filet ne peut être employé que sur les fonds des îles Chausey, où il est interdit de le traîner.

9° Les rets à maquereau.

10° Le filet à saumon.

11° Les ravoirs, uves, casiers et autres engins en filet ou en bois, en forme d'entonnoir, à poche ou à double fond, destinés à la pêche du poisson.

12° Le havenet à chevrettes.

L'usage de ce filet est permis pendant toute l'année.

13° Les bouteux, haveneaux et autres instruments servant à la pêche des chevrettes.

Il est permis de se servir de ces instruments pendant toute l'année.

14° La drague à huîtres.

L'usage de cette drague n'est permis que pour la pêche des huîtres en bateau et pendant la période d'ouverture de cette pêche.

15° Les claies, paniers, bouraques et autres engins employés à la pêche des crabes, homards, rocailles et poissons à croûte.

16° Le croc en fer.

17° L'hameçon.

18° Les couteaux, crochets, pelles en bois ou en fer.

IVᵉ SECTION.

DISPOSITIONS SPÉCIALES PROPRES À PRÉVENIR LA DESTRUCTION DU FRAI ET À ASSURER LA CONSERVATION DU POISSON ET DU COQUILLAGE, NOTAMMENT CELLES RELATIVES À LA RÉCOLTE DES HERBES MARINES; CLASSIFICATION DU POISSON RÉPUTÉ FRAI; DIMENSIONS AU-DESSOUS DESQUELLES LES DIVERSES ESPÈCES DE POISSONS ET DE COQUILLAGES NE POURRONT ÊTRE PÊCHÉES, ET DEVRONT ÊTRE REJETÉES À LA MER, OU, POUR LES COQUILLAGES, DÉPOSÉES EN DES LIEUX DÉTERMINÉS.

Pêche des huîtres.

ART. 213.

Maintien des communautés existant à Granville et à Régneville.

Sont maintenues les communautés des pêcheurs d'huîtres existantes à Granville et à Régneville.

Les patrons des bateaux armés pour cette pêche sont seuls admis à faire partie des communautés.

ART. 214.

Élection annuelle des gardes-jurés par ces communautés.

Chaque année, dans les premiers jours de septembre, les communautés de Granville et de Régneville élisent leurs gardes-jurés dans la forme indiquée à l'article 15 du présent décret.

ART. 215.

Nombre et devoirs des gardes-jurés.

La communauté de Granville élit quatre gardes-jurés, celle de Régneville en élit deux.

Quoique spécialement affectés à la police de la pêche des huîtres, ces agents étendent leur surveillance sur tout ce qui concerne la pêche maritime côtière.

ART. 216.

Élection de deux autres gardes-jurés pour la surveillance à terre.

La communauté de Granville élit deux autres gardes-jurés chargés à terre d'une surveillance permanente sur les parcs à huîtres.

Ces agents assurent l'exécution des dispositions relatives à la police de ces établissements.

Le chef du service de la marine à Saint-Servan détermine leurs devoirs dans une instruction spéciale.

ART. 217.

Modification dans le nombre des gardes-jurés.

Le ministre de la marine peut augmenter ou diminuer le nombre des gardes-jurés, suivant les besoins et l'importance de la pêche.

ART. 218.

Salaires de ces agents.

Les gardes-jurés reçoivent, sur les fonds de chaque communauté, des indemnités proportionnelles aux ressources de la caisse, mais qui, conformément aux dispositions de l'article 22, ne peuvent excéder la somme de 20 francs par mois.

La quotité de ces indemnités est fixée annuellement par le chef du service de la marine à Saint Servan.

Toutefois, et par exception, les gardes-jurés chargés de la surveillance du parc de la communauté des pêcheurs reçoivent chacun, sur les fonds de la caisse de cette communauté, un traitement annuel de 300 francs au moins et de 400 francs au plus.

ART. 219.

Recette des caisses des communautés.

Les caisses des communautés de Granville et de Régneville continueront de percevoir la somme de 5 francs par 100,000 d'huîtres stipulés dans les marchés en dehors du prix de livraison.

Il est permis à ces communautés de s'imposer en outre telle cotisation qu'elles jugeront nécessaire.

ART. 220.

Comptabilité des caisses des communautés.

Jusqu'à nouvel ordre, et par dérogation aux dispositions des articles 35 et suivants du présent décret, les syndics des gens de mer, à Granville et à Régneville, tiendront la comptabilité des communautés dont ils seront caissiers.

Les recettes et les dépenses s'opèrent sur mandats du commissaire de l'inscription maritime à Granville, appuyés de pièces justificatives qui doivent être revêtues de l'approbation du chef de service de la marine à Saint-Servan.

ART. 221.

Compte annuel à rendre par les caissiers.

Tous les ans, dans le courant du mois de mai, les syndics des gens de mer de Granville et de Régneville arrêtent le compte des recettes et des dépenses de leurs communautés respectives.

Le compte de la communauté de Granville est vérifié et approuvé par l'inspecteur des pêches, les gardes-jurés et deux patrons de bateau.

Le compte de la communauté de Régneville est vérifié et approuvé par les gardes-jurés et par deux patrons de bateau.

Ces comptes sont ensuite soumis à l'examen du commissaire de l'inscription maritime à Granville, et à l'approbation du chef du service de la marine à Saint Servan.

ART. 222.

Tenue des registres des délibérations.

Les syndics des gens de mer de Granville et de Régneville tiennent les registres des délibérations de chacune des communautés de pêcheurs de ces ports.

Ils tiennent également les registres des inscriptions pour les demandes d'huîtres.

Le syndic de Granville tient en outre le registre des marchés.

Ces agents continueront de recevoir une indemnité de 200 fr. par an, à raison de leurs attributions de caissier et de secrétaire des communautés.

ART. 223.

Visite des bancs d'huîtres. Composition des commissions.

La commission chargée de la recherche et de la visite des huîtrières, conformément à l'article 90, est composée comme suit :

L'officier commandant la station de Granville;

L'inspecteur des pêches;

Les gardes-jurés en exercice;

Quatre patrons de bateaux de pêche.

Les rapports de cette commission ne sont transmis au chef du service de la marine à Saint-Servan qu'après avoir été communiqués à la communauté des pêcheurs, qui est appelée à exprimer son avis sur les conclusions à la pluralité des suffrages.

ART. 224.

Suspension de l'exploitation des huîtrières.

La transmission du rapport à faire, aux termes de l'article 96, relativement aux bancs d'huîtres dont il y a lieu de suspendre l'exploitation, est subordonnée aux mêmes formalités.

ART. 225.

Division des huîtrières situées dans le quartier de Granville et dans le sous-quartier de Cancale.

Les huîtrières situées dans la circonscription du quartier de Granville et du sous-quartier de Cancale (quartier de Saint-Malo) sont divisées au moyen d'une ligne allant du mont Tombelaine au centre de Chausey, et de là se prolongeant indéfiniment.

Tous les bancs ou portions de bancs situés au nord-est de cette ligne sont attribués aux pêcheurs de Granville; tous les bancs ou portions de bancs situés au sud-ouest de cette ligne sont attribués aux pêcheurs de Cancale.

ART. 226.

Injonction aux pêcheurs de Granville et de Cancale de se renfermer dans les limites ci-dessus indiquées.

Il est défendu aux pêcheurs de Granville et à ceux de Cancale de draguer ou de pêcher des huîtres, de quelque manière que ce soit, les premiers au sud-ouest, les seconds au nord-est de cette ligne.

Il leur est également interdit de se réunir pour faire la pêche des huîtres en commun sur les huîtrières de l'une ou l'autre de ces localités.

ART. 227.

Exploitation des bancs limitrophes.

Lorsque les pêcheurs de Granville ou de Cancale exploitent une huîtrière située sur la limite des deux quartiers, cette huîtrière est préalablement indiquée au moyen de bouées placées aux frais de la communauté qui doit y faire la pêche.

Cette pêche a lieu, autant que possible, sous la surveillance de l'un des bâtiments de la station navale.

ART. 228.

Compte à rendre par les gardes-jurés au retour de la pêche.

Au retour de chaque sortie pour la pêche des huîtres, les gardes-jurés rendent compte à l'inspecteur des pêches de la conduite tenue par les patrons de bateau pendant la sortie.

Lorsqu'ils ont eu à signaler quelque infraction aux dispositions réglementaires, l'inspecteur des pêches adresse leur rapport, avec son avis motivé, au commissaire du quartier, lequel y donne suite, ainsi qu'il y a lieu.

ART. 229.

Le dragage des huîtres dans le quartier de Granville n'est permis qu'avec des bateaux de 6 tonneaux au moins et de 15 tonneaux au plus.

Conditions imposées aux bateaux dragueurs d'huîtres.

Ces embarcations sont en partie pontées; elles ont des passavants, des tillacs à l'avant ainsi qu'à l'arrière, et une écoutille égale au moins au tiers de la superficie totale du pont, l'écoutille comprise.

Toutefois, les bateaux non pontés de moins de 6 tonneaux, mais de plus de 3, existants aujourd'hui, continueront à être employés; mais ils ne pourront être remplacés que par des embarcations réunissant les conditions ci-dessus énoncées.

ART. 230.

Les patrons pêcheurs de tous les ports de France peuvent être admis à l'exploitation des huîtrières dépendantes du quartier de Granville, sous les réserves ci-après indiquées.

Admission des patrons de tous les ports de France à faire la pêche sur les huîtrières du quartier de Granville.

ART. 231.

Mode à suivre à cet effet.

Ceux qui désirent participer à cette exploitation doivent se munir de bateaux conformes aux prescriptions de l'article 229, et se présenter, du 1er au 25 août de chaque année, au bureau du syndic de Granville ou de Régneville, suivant le cas, pour déclarer leur intention de concourir aux marchés communs.

Ils y sont admis après les pêcheurs de Granville et de Régneville, et jusqu'à concurrence du nombre annuellement déterminé par le chef du service de la marine à Saint-Servan, qui statue, à cet égard, d'après les rapports constatant l'état des huîtrières et d'après l'avis du commissaire de l'inscription maritime.

Cette décision est prise dans les derniers jours du mois d'août.

ART. 232.

Si le nombre des bateaux étrangers au quartier de Granville qui demandent à participer à la pêche des huîtres excède le chiffre des admissions déterminé par le chef du service de la marine à Saint-Servan, le commissaire du quartier procède, en présence de l'inspecteur des pêches, de deux gardes-jurés et des réclamants, au tirage au sort des bateaux inscrits qui doivent être admis à concourir à la pêche.

Tirage au sort si le nombre des bateaux inscrits excède le nombre de ceux qui peuvent participer à cette pêche.

Le résultat de cette opération est constaté par un procès-verbal, et les noms des bateaux admis sont affichés à Granville, à la vieille jetée, et à Régneville, au bureau du syndic.

ART. 233.

Bulletin de pêche à délivrer à chaque bateau admis au dragage.

Le syndic délivre aux patrons admis à faire la pêche des huîtres un bulletin contenant le nom du patron, le nom et le numéro de chaque bateau, le nom du port auquel il appartient et son tonnage.

Ce bulletin porte, en outre, le nom et les amers des huîtrières destinées à être pêchées, ainsi que le nom et la situation de celles sur lesquelles les huîtres au-dessous des dimensions réglementaires doivent être reportées.

Il est défendu aux patrons étrangers au quartier de Granville de pêcher des huîtres sans avoir préalablement fait la déclaration prescrite par l'article 231, et sans être munis de bulletins de pêche.

ART. 234.

Obligation pour les patrons admis à faire a pêche des huîtres de la continuer jusqu'à l'époque de la clôture.

Les patrons de bateau admis à faire la pêche des huîtres sont tenus de concourir à l'exécution des marchés communs, et de continuer la pêche jusqu'au jour de sa clôture, à moins que les autres patrons de bateau associés, réunis en assemblée générale, ne consentent à ce qu'ils se retirent avant cette époque.

Dans aucun cas, ils ne peuvent faire la pêche pour leur propre compte.

ART. 235.

Interdiction de sortie des bateaux en cas d'encombrement d'huîtres dans le parc commun.

Lorsqu'il y a encombrement d'huîtres dans le parc commun, l'inspecteur des pêches peut interdire la sortie des bateaux; il rend immédiatement compte de cette mesure au commissaire du quartier.

ART. 236.

Défense d'exporter par bateau des huîtres pêchées à pied.

Il est interdit d'exporter par mer des huîtres provenant de la pêche à pied ou du rebinage.

ART. 237.

Interdiction de tous marchés particuliers.

Nul propriétaire ou patron de bateau de pêche ne peut contracter aucun marché particulier pour la fourniture d'huîtres aux navires ou aux acheteurs faisant le commerce de ce coquillage.

ART. 238.

Les marchés sont stipulés à profit commun et au millier par le ministère des gardes-jurés, en présence de l'inspecteur des pêches, suivant le mode indiqué à l'article 42.

Les marchés sont faits à profit commun.

Chaque bateau pêcheur est payé au prorata de la quantité d'huîtres qu'il livre.

ART. 239.

Lorsqu'il y a lieu de convoquer les pêcheurs pour leur communiquer les offres des marchands, un pavillon blanc et rouge est arboré deux heures à l'avance à la vieille jetée.

Convocation des pêcheurs pour la passation des marchés.

ART. 240.

Dès que les marchés ont été passés, les bateaux vont en pêche toutes les fois que les circonstances le permettent.

Les marchés doivent être exécutés ponctuellement.

Les marchés sont ponctuellement exécutés d'après l'ordre d'inscription des demandes enregistrées sur le livre de la communauté et sans préférence.

Si plusieurs personnes se présentent simultanément pour faire des demandes, le sort décide du rang de leur inscription.

ART. 241.

Lorsqu'il a été reconnu que les quantités d'huîtres pêchées et celles que peuvent produire encore les bancs en exploitation ne suffisent pas pour remplir les quantités stipulées dans les marchés, chacun des acheteurs subit une réduction proportionnelle à la quotité de son inscription.

Réduction des demandes d'huîtres.

Cette réduction est déterminée par l'inspecteur des pêches, qui prend à cet égard l'avis des gardes-jurés.

ART. 242.

Il sera passé à Granville deux marchés par campagne de pêche : l'un dans les premiers jours de septembre, l'autre dans les premiers jours de février.

Deux marchés par campagne de pêche seront passés à Granville.

ART. 243.

Les marchands d'huîtres de Granville qui veulent acheter du coquillage provenant de la sortie la plus prochaine le déclarent à l'inspecteur des pêches.

Fourniture d'huîtres aux marchands de la localité.

Il est pourvu à ces commandes en y affectant les produits

de pêche d'un nombre de bateaux proportionnel à leur importance.

Toutefois, le nombre de ces bateaux ne peut excéder le chiffre de 30 à chaque sortie.

ART. 244.

Défense de passer les marchés en dehors des conditions énoncées.

Il est interdit de passer des marchés en dehors des conditions ci-dessus énoncées.

ART. 245.

Les personnes inscrites ne peuvent refuser de prendre livraison des huîtres.

Les acheteurs d'huîtres qui se sont fait inscrire ne peuvent, sous aucun prétexte, refuser de prendre livraison des huîtres par eux demandées, lorsque leur tour d'inscription est venu.

ART. 246.

Les commandes sont signées par les acheteurs.

Chaque acheteur signe ses commandes, et déclare se soumettre aux conditions des marchés et aux dispositions du présent décret.

ART. 247.

L'inspecteur des pêches juge les contestations.

L'inspecteur des pêches prononce sur toutes les contestations relatives à l'exécution des marchés.

ART. 248.

Bancs à exploiter par les pêcheurs de Régneville.

Les pêcheurs de Régneville peuvent exploiter, sous la surveillance de leurs gardes-jurés, les huîtrières de Saint-Germain, Geffoses, Senequet et la Costaise, lorsque l'exploitation en a été permise.

Sur tous les autres bancs, ils sont tenus de s'adjoindre aux pêcheurs de la communauté de Granville.

Dans tous les cas, il leur est facultatif de porter à Régneville le produit de leur pêche.

ART. 249.

Nécessité d'avoir au moins 12 bateaux armés.

Les pêcheurs de Régneville ne jouissent du bénéfice de l'article précédent que s'ils arment au moins 12 bateaux; autrement ils s'adjoignent à la communauté de Granville.

ART. 250.

Les marchés passés à Granville sont communs aux pêcheurs de Régneville.

Les marchés passés par la communauté des pêcheurs de Granville sont communs à ceux de Régneville; ils peuvent, en conséquence, se faire représenter par leurs gardes-jurés lors de la passation de ces marchés.

Lorsque les pêcheurs de Granville ne concluent pas de marchés dès l'ouverture de la pêche ou au 1er février, le dernier marché continue d'être exécutoire à Régneville jusqu'à ce qu'il y ait été donné avis de la mise en vigueur des marchés passés à Granville.

ART. 251.

Toutes les autres dispositions concernant la pêche des huîtres à Granville sont applicables à Régneville.

Application à Régneville des autres dispositions concernant Granville.

Ve SECTION.

CONDITIONS D'ÉTABLISSEMENT DES PÊCHERIES, DES PARCS À HUÎTRES, À MOULES ET DES DÉPÔTS DE COQUILLAGES; CONDITIONS DE LEUR EXPLOITATION; RETS FILETS, ENGINS, BATEAUX, INSTRUMENTS ET MATÉRIAUX QUI PEUVENT Y ÊTRE EMPLOYÉS.

Parcs à huîtres.

ART. 252.

Les parcs sont faits au moyen d'un clayonnage double ou simple, fixé sur des pieux ayant au plus 50 millimètres de diamètre, et dont la hauteur n'excède pas 66 centimètres au-dessus du sol.

Construction des parcs.

L'intervalle compris entre le double clayonnage peut être rempli de paille ou de vase, de manière à retenir l'eau à volonté.

ART. 253.

Les détenteurs des parcs sont tenus de placer à l'angle nord de chacun de leurs établissements une planche portant son numéro d'ordre.

Numéros d'ordre.

ART. 254.

Il est interdit à tous détenteurs de parcs de laisser leurs établissements inoccupés pendant une année entière.

Les parcs ne doivent pas rester inoccupés.

Il leur est également défendu :

1° D'empiéter sur les chemins de servitude ou sur l'établissement d'un autre concessionnaire.

2° De recevoir dans leurs parcs des huîtres provenant de la pêche à pied ou du rebinage.

ART. 255.

Les détenteurs de parcs dépossédés en exécution de la loi du 9 janvier 1852 n'ont droit à aucune indemnité et ne peuvent

Aucune indemnité n'est due aux détenteurs dépossédés.

enlever les matériaux entrant dans la construction de ces établissements.

ART. 256.

Chemins de servitude des parcs.

Les parcs doivent être maintenus en bon état.

Les chemins de servitude sont toujours laissés libres; l'accès en est interdit à toutes voitures autres que celles qui sont employées au commerce des huîtres.

Il est défendu d'y déposer aucune immondice; tout dépôt dont l'origine reste inconnue est enlevé aux frais du détenteur bordier.

ART. 257.

Vente des huîtres illicitement déposées sur les parcs.

Lorsqu'il est reconnu que des huîtres provenant de la pêche à pied ou du rebinage ont été déposées dans les parcs, elles sont saisies et vendues au profit de la caisse des invalides.

ART. 258.

Parcs communs à tous les pêcheurs.

La commission, chargée de procéder à la nouvelle répartition des parcs, conformément à l'article 179 du présent décret, réservera une portion de grève ou parc commun, dont elle déterminera l'étendue et qui servira au dépôt momentané du coquillage au retour de la pêche, ainsi qu'au triage et à la livraison des huîtres.

Ce parc sera affecté au service exclusif de la communauté des pêcheurs; en conséquence, tant que dureront les opérations de comptage, de triage et de livraison des huîtres, et tant que le coquillage restera déposé dans le parc commun, l'accès en sera interdit à toute personne étrangère à ces opérations.

ART. 259.

Défense d'enlever les huîtres du parc commun.

Il est défendu à toute personne, non comprise dans les demandes d'huîtres pour la sortie, dont les produits sont déposés sur le parc commun, d'enlever ou de faire enlever le coquillage qui s'y trouve.

Toute maîtresse appareilleuse, qui a contrevenu à ces dispositions, en donnant, vendant ou laissant enlever des huîtres des monceaux qui lui sont confiés, est exclue du parc commun, sans préjudice des peines qu'elle a encourues comme complice du vol commis au détriment des pêcheurs.

ART. 260.

Les huîtres déposées dans le parc commun ne peuvent y séjourner plus de trois jours. Séjour des huîtres dans le parc commun.

ART. 261.

La police des parcs est spécialement confiée à l'inspecteur des pêches et aux gardes-jurés nommés en vertu de l'article 215. Police des parcs.

ART. 262.

A la fin de chaque année, le commissaire de l'inscription maritime passe l'inspection des parcs et la commission de répartition se réunit à la même époque, afin de procéder, s'il y a lieu, au choix de nouveaux détenteurs. Inspection des parcs

TITRE XV.

DISPOSITIONS SPÉCIALES AU QUARTIER DE SAINT-MALO.

PREMIÈRE SECTION

LIMITES DU QUARTIER DE SAINT-MALO.

ART. 263.

Le littoral du quartier de Saint-Malo est limité au nord par la rivière du Couesnon; au sud, par le bras de mer de Frémur; dans la Rance, en amont, par le port Saint-Jean, sur la rive gauche, et sur la rive droite, par le point séparatif des départements des Côtes-du-Nord et d'Ille-et-Vilaine. Limites du quartier de Saint-Malo.

IIe SECTION.

ÉPOQUE D'OUVERTURE ET DE CLÔTURE DES DIVERSES PÊCHES.

ART. 264.

La pêches des huîtres, faite à pied et à la main, est permise pendant toute l'année. Pêche des huîtres faite à pied.

ART. 265.

La pêche des homards et des langoustes est également permise pendant toute l'année. Pêche des homards.

IIIe SECTION.

RETS, FILETS, ENGINS, INSTRUMENTS, PROCÉDÉS ET MODES DE PÊCHE PERMIS.

ART. 266.

Rets, filets, engins et instruments de pêche permis.

Les rets, filets, engins, instruments, procédés et modes de pêche dont l'usage est permis dans le quartier de Saint-Malo, sous les conditions exprimées en l'article 56 des dispositions générales et moyennant celles qui suivent, sont :

1° Les folles;

2° Les demi-folles, grandes canières, grandes pentières et grands rieux;

3° Les petites canières, petites pentières, petits rieux, connus sous tels noms et dénominations que ce puisse être;

4° Les tramaux sédentaires et autres filets tramaillés;

5° Le chalut, dont l'emploi est permis pendant toute l'année en dehors des limites ci-après déterminées :

A partir de l'embouchure du Couesnon.

Par le travers du banc des Hermelles :

Depuis le point où l'on relève l'église de Saint-Aubin, par la pointe dite des Pignons jusqu'à ce qu'on découvre la maison du Volereaux, par l'anse du Volereaux sur la côte de Cancale.

Par le travers du Vivier, en se portant vers les côtes de Cancale :

Depuis le point d'où l'on relève la maison du Volereaux, par l'anse du même nom, jusqu'à ce qu'on découvre la partie de la côte est du Mont-Dol, par l'église du Vivier.

Par le travers des côtes de Cancale :

Depuis le point d'où l'on relève la partie de la côte est du Mont-Dol, par l'église du Vivier, jusqu'à ce qu'on aperçoive la pointe du Volereaux, par le moulin nord du même nom.

En remontant vers le nord :

Depuis le point où l'on découvre le moulin nord du Volereaux, par la pointe du Volereaux, jusqu'à ce qu'on arrive à voir la roche de Herpin, par la partie est du fort des Rimains.

A partir de la roche de Herpin, en allant vers le sud jusqu'au bras de mer du Frémur, limite du quartier, à un kilomètre au moins de la laisse de basse mer aux marées d'équinoxe.

6° La grande seine à jet.

Ce filet est permis pendant toute l'année.

Depuis le 1er août jusqu'au 1er mai, il peut être débordé, soit au large, au moulinet, soit à terre; du 1er mai au 1er août, il ne sera débordé qu'au large, au moulinet.

7° La petite seine.

Ce filet ne peut être employé que pour la pêche du lançon et seulement sur les bancs de sable connus sous les noms de bancs des Pourceaux, de l'île à Rebours, de Cézembre, ainsi que sur les autres bancs de la rade de Saint-Malo.

Il est interdit de se servir de la petite seine ou seine à lançon pendant la nuit.

8° Les rets à maquereau.

9° Les dards ou foènes.

10° Le havenet à chevrettes.

Ce filet est permis pendant toute l'année.

11° Les bouteux, haveneaux et autres instruments servant à la pêche des chevrettes.

L'usage de ces engins est autorisé pendant toute l'année.

12° La drague à huîtres.

Cet engin n'est permis qu'en bateau et pendant la période d'ouverture de la pêche des huîtres, du 1er septembre au 1er mai.

13° Le couteau à moules.

14° Le râteau à moules.

15° Les claies, paniers, bouraques et autres engins employés à la pêche des crabes, homards, rocailles et poissons à croûte.

16° Les verveux, varveux ou louves.

17° Le croc en fer.

18° L'hameçon.

19° Les couteaux, crochets, pelles en bois ou en fer.

IVe SECTION.

DISPOSITIONS SPÉCIALES PROPRES À PRÉVENIR LA DESTRUCTION DU FRAI, ET À ASSURER LA CONSERVATION DU POISSON ET DU COQUILLAGE, NOTAMMENT CELLES RELATIVES À LA RÉCOLTE DES HERBES MARINES; CLASSIFICATION DU POISSON RÉPUTÉ FRAI; DIMENSIONS AU-DESSOUS DESQUELLES LES DIVERSES ESPÈCES DE POISSONS ET DE COQUILLAGES NE POURRONT PAS ÊTRE PÊCHÉES ET DEVRONT ÊTRE REJETÉES À LA MER, OU, POUR LES COQUILLAGES, DÉPOSÉES EN DES LIEUX DÉTERMINÉS.

Pêche des huîtres dans la baie de Cancale.

ART. 267.

La communauté des pêcheurs d'huîtres existant à Cancale est maintenue.

Maintien de la communauté des pêcheurs de Cancale.

Les patrons des bateaux armés pour cette pêche sont seuls admis à faire partie de ladite communauté.

ART. 268.

Élection annuelle des gardes-jurés.

Chaque année, dans les premiers jours de septembre, la communauté des pêcheurs de Cancale élit des gardes-jurés dans la forme indiquée à l'article 15 du présent décret.

ART. 269.

Nombre et devoirs des gardes-jurés.

Le nombre de ces agents est fixé à quatre.

Quoique spécialement affectés à la police de la pêche des huîtres, ces gardes-jurés étendent leur surveillance sur tout ce qui concerne la pêche maritime côtière.

ART. 270.

Gardes-jurés des parcs et étalages.

La communauté des pêcheurs de Cancale élit, en outre, huit gardes-jurés, chargés à terre de la police des lieux de dépôt pour les huîtres.

Un de ces agents est spécialement affecté à la surveillance des parcs; les sept autres sont chargés de la surveillance des étalages.

Le chef du service de la marine à Saint-Servan détermine, dans une instruction spéciale, les devoirs de ces agents.

ART. 271.

Modification dans le nombre des gardes-jurés.

Le ministre de la marine peut augmenter ou diminuer le nombre des gardes-jurés, selon les besoins et l'importance de la pêche.

ART. 272.

Salaire de ces agents.

Les gardes-jurés reçoivent, sur les fonds de la communauté, des indemnités proportionnelles aux ressources de sa caisse, mais qui, conformément aux dispositions de l'article 22, ne peuvent excéder la somme de 20 francs par mois.

La quotité de ces indemnités est fixée annuellement par le chef du service de la marine à Saint-Servan.

ART. 273.

Recettes de la caisse de la communauté.

La caisse de la communauté des pêcheurs établie à Cancale continuera de percevoir le produit des deniers à Dieu de tous les marchés qui seront passés pour la vente des huîtres.

Il est permis à la communauté de s'imposer, en outre, telles cotisations qu'elle jugera nécessaires.

ART. 274.

Comptabilité de la caisse de la communauté.

Jusqu'à nouvel ordre, et par dérogation aux dispositions des articles 35 et suivants du présent décret, le syndic des gens de mer à Cancale tient la comptabilité de la communauté dont il est le caissier dépositaire des fonds.

Les recettes et les dépenses s'opèrent sur les mandats de l'administrateur du sous-quartier, appuyés de pièces justificatives, qui doivent être revêtues de l'approbation du chef du service de la marine à Saint-Servan.

ART. 275.

Compte annuel à rendre par le caissier.

Tous les ans, dans le courant du mois de mai, le syndic des gens de mer présente le compte des recettes et des dépenses de la communauté des pêcheurs à une commission composée de l'administrateur du sous-quartier, de l'inspecteur des pêches, des gardes-jurés et de deux patrons de bateau.

Ce compte est ensuite soumis à l'examen du commissaire de l'inscription maritime et à l'approbation du chef du service de la marine à Saint-Servan.

ART. 276.

Tenue du registre des délibérations de la communauté des pêcheurs.

Le syndic des gens de mer à Cancale tient le registre des délibérations de la communauté des pêcheurs.

Il tient également le registre des marchés et celui des inscriptions pour les demandes d'huîtres.

Cet agent continuera de recevoir une indemnité de 200 francs par an, à raison de ses attributions de caissier et de secrétaire de la communauté des pêcheurs.

ART. 277.

Convocations pour les réunions de la communauté.

Les convocations pour les réunions de la communauté des pêcheurs sont faites au moyen d'un pavillon arboré en tête de mât, au centre du port de la Houle, deux heures au moins avant l'heure fixée pour l'ouverture de la séance.

ART. 278.

Visite annuelle des bancs. Composition de la commission.

La commission chargée de la recherche et de la visite des huîtrières, conformément à l'article 90, est composée comme suit :

L'officier commandant la station de Granville,
L'inspecteur des pêches,
Les gardes-jurés,
Quatre patrons de bateaux de pêche.

Les rapports de cette commission ne sont transmis au chef du service de la marine à Saint-Servan qu'après avoir été communiqués à la communauté, qui est appelée à exprimer son avis sur les conclusions, à la pluralité des suffrages.

ART. 279.

Suspension de l'exploitation des huîtrières.

La transmission du rapport à faire, aux termes de l'article 96, relativement aux bancs d'huîtres dont il y a lieu de suspendre l'exploitation, est subordonnée aux mêmes formalités.

ART. 280.

Division des huîtrières situées dans le sous-quartier de Cancale et le quartier de Granville.

Les huîtrières situées dans la circonscription du sous-quartier de Cancale (quartier de Saint-Malo) et du quartier de Granville sont divisées au moyen d'une ligne allant du mont Tombelaine au centre de Chausey, et de là se prolongeant indéfiniment.

Tous les bancs ou portions de bancs situés au nord-est de cette ligne sont attribués aux pêcheurs de Granville; tous les bancs ou portions de bancs situés au sud-ouest de cette ligne sont attribués aux pêcheurs de Cancale.

ART. 281.

Injonction aux pêcheurs de Granville et de Cancale de se renfermer dans la limite ci-dessus.

Il est défendu aux pêcheurs de Cancale et à ceux de Granville de draguer ou de pêcher des huîtres, de quelque manière que ce soit, les premiers au nord-est, les seconds au sud-ouest de cette ligne.

Il leur est également interdit de se réunir pour faire la pêche en commun sur les huîtrières de l'une ou de l'autre de ces localités.

ART. 282.

Exploitation de bancs limitrophes.

Lorsque les pêcheurs de Granville ou de Cancale veulent exploiter une huîtrière située sur la limite des deux quartiers, cette huîtrière est indiquée au moyen de bouées placées aux frais de la communauté qui doit y faire pêche.

Cette pêche a lieu, autant que possible, sous la surveillance de l'un des bâtiments de la station.

ART. 283.

Au retour de chaque sortie pour la pêche des huîtres, les gardes-jurés rendent compte à l'inspecteur des pêches de la conduite tenue par les patrons de bateau pendant la sortie.

Compte à rendre par les gardes-jurés au retour de la pêche.

Lorsqu'ils ont eu à signaler quelque infraction aux dispositions réglementaires, l'inspecteur des pêches adresse leur rapport, avec son avis motivé, à l'administrateur du sous-quartier de Cancale, lequel y donne suite ainsi qu'il y a lieu.

ART. 284.

Le dragage des huîtres dans la baie de Cancale n'est permis qu'avec des bateaux de 3 tonneaux au moins et de 20 tonneaux au plus.

Bateaux avec lesquels le dragage des huîtres est permis dans la baie de Cancale.

Ces bateaux peuvent être pontés ou non pontés.

ART. 285.

Les patrons pêcheurs de tous les ports de France peuvent être admis à l'exploitation des huîtrières de la baie de Cancale, sous les réserves ci-après indiquées.

Admission des patrons pêcheurs de tous les ports de France à faire la pêche sur les huîtrières de la baie de Cancale. Mode à suivre à cet effet.

ART. 286.

Ceux qui désirent participer à cette exploitation doivent se munir de bateaux conformes aux prescriptions de l'article 284, et se présenter, du 1er au 25 août de chaque année, au bureau de l'administrateur du sous-quartier de Cancale, pour y déclarer leur intention de concourir aux marchés communs.

Ils y sont admis après les pêcheurs de Cancale et jusqu'à concurrence du nombre annuellement déterminé par le chef du service de la marine à Saint-Servan, qui statue à cet égard d'après les rapports constatant l'état des huîtrières et d'après l'avis du commissaire de l'inscription maritime à Saint-Malo.

Cette décision est prise dans les derniers jours du mois d'août.

ART. 287.

Si le nombre des bateaux étrangers au sous-quartier de Cancale qui demandent à participer à la pêche des huîtres excède le chiffre des admissions déterminé par le chef du service de la marine à Saint-Servan, l'administrateur du sous-quartier procède, en présence de l'inspecteur des pêches, de deux gardes-

Tirage au sort si le nombre des bateaux inscrits excède le nombre de ceux qui peuvent participer à la pêche.

jurés et des réclamants, au tirage au sort des bateaux inscrits qui seront admis à concourir à la pêche.

Le résultat de cette opération est constaté par un procès-verbal.

ART. 288.

Bulletins de pêche à délivrer à chaque bateau admis au dragage.

L'administrateur de la marine à Cancale délivre aux patrons étrangers à ce sous-quartier admis à y faire la pêche des huîtres un bulletin contenant le nom du patron, le nom et le numéro de chaque bateau, le nom du port auquel il appartient et son tonnage.

Ce bulletin porte, en outre, le nom et les amers des huîtrières destinées à être pêchées, ainsi que le nom et la situation de celles sur lesquelles les huîtres au-dessous des dimensions réglementaires doivent être reportées.

Il est défendu aux bateaux étrangers à la baie de Cancale de pêcher des huîtres dans cette baie sans avoir préalablement fait la déclaration prescrite par l'article 286 et sans être munis de bulletins de pêche.

ART. 289.

Obligation pour les pêcheurs admis à faire la pêche des huîtres dans la baie de Cancale de la continuer jusqu'à l'époque de sa clôture.

Les patrons de bateau admis à faire la pêche des huîtres dans la baie de Cancale sont tenus de concourir à l'exécution des marchés communs et de continuer la pêche jusqu'au jour de sa clôture, à moins que les autres patrons de bateau associés, réunis en assemblée générale, ne consentent à ce qu'ils se retirent avant cette époque.

Dans aucun cas, ils ne peuvent faire la pêche pour leur propre compte.

ART. 290.

Interdiction de sortie des bateaux en cas d'encombrement d'huîtres sur le talard.

Lorsqu'il y a encombrement d'huîtres sur le talard, l'inspecteur des pêches peut interdire la sortie des bateaux; il rend immédiatement compte de cette mesure à l'administrateur de la marine à Cancale.

ART. 291.

Défense d'exporter par bateau des huîtres provenant de la pêche à pied.

Il est interdit d'exporter par mer des huîtres provenant de la pêche à pied.

Il est également interdit de transporter ces huîtres dans l'intérieur avec des charrettes, voitures ou bêtes de somme.

ART. 292.

Les huîtres provenant de la pêche à pied pratiquée sur les grèves de Cancale peuvent être déposées dans les parcs ou dans les étalages, pourvu qu'elles aient été recueillies dans les limites nord et sud de ces établissements. Huîtres admissibles sur les étalages.

Dans tout autre cas, elles ne peuvent pas recevoir cette destination.

Pendant la durée de la pêche des huîtres à pied, il est interdit aux bateaux d'échouer, au bas de l'eau, autre part que sur les étalages.

ART. 293.

Nul propriétaire ou patron de bateau de pêche ne peut contracter aucun marché particulier pour la fourniture d'huîtres aux navires ou aux acheteurs faisant le commerce de ce coquillage. Interdiction de tout marché particulier.

ART. 294.

Les marchés pour la vente des huîtres sont passés publiquement à Cancale, par le ministère du syndic des gens de mer, en présence de l'inspecteur des pêches et des gardes-jurés. Passation des marchés.

Ils sont transcrits sur un registre spécial.

Les patrons de bateau sont convoqués pour assister à la passation de ces marchés, sur lesquels ils donnent leur avis.

Cette convocation est faite au moyen d'un pavillon tricolore, qui est hissé en berne deux heures avant l'ouverture de l'assemblée.

ART. 295.

Les marchés sont stipulés à profit commun et au millier; ils comprennent les trois espèces d'huîtres suivantes : Indication des espèces d'huîtres comprises dans les marchés.

1° Les huîtres marchandes, de 7 à 9 centimètres;

2° Les moyennes ou petites marchandes, de 6 à 7 centimètres;

3° Les grosses huîtres dites *à potage*.

Ces huîtres peuvent être immédiatement livrées à la consommation et transportées, soit par mer, soit par terre.

ART. 296.

Un prix est stipulé pour chaque espèce d'huîtres, et débattu entre les acheteurs et les vendeurs. Ces derniers sont représentés par les gardes-jurés. Une fois établi, ce prix ne peut varier pendant toute la durée du marché. Prix débattu fixé pour toute la durée du marché.

L'ordre d'inscription des acheteurs présents est déterminé par la voie du sort.

Les huîtres des trois espèces ci-dessus mentionnées sont livrées sur le pied de 1,050 pour 1,000.

ART. 297.

Arbitrage en cas de contestation entre l'acheteur et le vendeur.

Toutes les huîtres sont livrables, pourvu qu'elles aient les dimensions voulues dans leur espèce et qu'elles ne soient pas percées.

S'il est reconnu, au moment de la livraison, que des huîtres aient souffert au point de ne pouvoir être admises dans le commerce, les parties nomment deux arbitres, qui décident si les huîtres doivent ou non être reçues. En cas de désaccord, les deux arbitres en nomment un troisième dont l'opinion fait loi.

ART. 298.

Répartition de la pêche quotidienne.

Les produits de la pêche quotidienne des bateaux sont partagés par moitié entre les marchands forains et les marchands du pays, y compris les étalagistes.

Les gardes-jurés de service procèdent à ce partage.

ART. 299.

Réduction dans les demandes d'huîtres.

Lorsqu'il a été reconnu que les quantités d'huîtres pêchées et celles que peuvent produire encore les bancs en exploitation ne suffisent pas pour remplir les quantités stipulées dans les marchés, chacun des acheteurs subit une réduction proportionnelle à la quotité de son inscription.

Cette réduction est déterminée par l'inspecteur des pêches, qui prend à cet égard l'avis des gardes-jurés.

ART. 300.

Quotité des marchés.

Les acheteurs du pays, de même que les acheteurs forains, ne peuvent s'inscrire pour plus de 400 milliers d'huîtres chacun dans le même marché.

Les inscriptions pour les huîtres moyennes ou petites marchandes ne doivent pas excéder chacune 100 milliers d'huîtres.

Il peut être accordé une inscription de 400 milliers d'huîtres, à titre de prime, à l'acheteur qui le premier offre le prix le plus avantageux agréé par les pêcheurs.

Toute inscription concernant un navire n'est valable que jusqu'à la concurrence de son complet chargement.

ART. 301.

Demandes d'huîtres.

Les demandes d'huîtres sont admises de la part :

1° Des marchands d'huîtres patentés et agréés des pêcheurs;

2° Des étalagistes établis à Cancale.

Les marins étalagistes et les veuves de marins inscrits sur les matricules du sous-quartier de Cancale sont dispensés de l'obligation de produire des patentes de marchands d'huîtres pour être admis à prendre des inscriptions dans les marchés.

Ces inscriptions n'excéderont pas la quantité d'huîtres que peuvent contenir les étalages dont ils sont détenteurs.

Les marchands étalagistes et les veuves de marins sont tenus de déposer sur leurs étalages les huîtres provenant des marchés.

ART. 302.

Exclusion des marchés.

Peuvent être exclus des marchés ceux qui manquent à leurs engagements, ou qui commettent quelque acte nuisible à la communauté des pêcheurs ou au commerce des huîtres.

Dans ce cas, l'inspecteur des pêches, sur le rapport des gardes-jurés, suspend provisoirement la livraison et en rend compte immédiatement à l'administrateur du sous-quartier, qui prend les ordres du commissaire de l'inscription maritime à Saint-Malo.

ART. 303.

Les mandataires des acheteurs forains doivent être munis de procuration.

Les demandes d'huîtres présentées au nom d'acheteurs forains absents ne sont admises que de la part de mandataires porteurs d'une procuration dûment enregistrée, et visée, en outre, par l'administrateur de la marine du lieu où résident les mandants.

ART. 304.

Denier à Dieu à payer en prenant une inscription.

Tout acheteur d'huîtres, à quelque catégorie qu'il appartienne, qui prend une inscription dans les marchés, verse, à titre de denier à Dieu, au caissier de la communauté des pêcheurs, une somme de 5 centimes par millier d'huîtres.

Cette somme est acquise à la communauté des pêcheurs dès que l'acheteur ou son mandataire a signé sur le registre des marchés, sauf le cas de résiliation pour cause de force majeure.

ART. 305.

Inscription des navires.

Tout navire qui a pris un chargement d'huîtres, soit dans les parcs, soit dans le port, peut se faire inscrire avant son départ pour un autre chargement.

Les demandes d'huîtres pour les navires ne sont remplies qu'autant que ces navires sont présents dans le port, lorsque leur tour arrive d'après l'ordre d'inscription.

L'absence du navire en ce moment entraîne la perte du denier à Dieu et la privation du droit de recevoir des huîtres suivant son rang d'inscription, à moins que le capitaine ne soit représenté par un mandataire qui s'engage à prendre immédiatement livraison des huîtres et à les faire enlever dans les quarante-huit heures.

ART. 306.

Le denier à Dieu est acquis dès que le navire est entré en livraison.

Tout navire entré en livraison qui, par une circonstance quelconque, ne prend pas la totalité de son chargement n'en doit pas moins le denier à Dieu que comporte son marché.

ART. 307.

La substitution de navire est interdite.

Il est interdit de substituer un navire à un autre pour prendre livraison des huîtres, sauf le cas de naufrage ou de départ du navire inscrit pour la pêche du maquereau.

Dans ce cas, le navire substitué n'a droit qu'à la quantité d'huîtres incombant à celui qui le remplace, ou, s'il est plus petit, à son plein chargement.

ART. 308.

Livraison de la pêche aux acheteurs du pays.

En l'absence d'acheteurs forains ou de leurs mandataires, la totalité de la pêche est livrée aux acheteurs du pays, suivant leur ordre d'inscription.

ART. 309.

La livraison des huîtres ne peut être refusée par les acheteurs inscrits.

Tout acheteur d'huîtres inscrit dans les marchés est tenu de prendre livraison du coquillage dès qu'il a été trié et compté.

A cet effet, l'inspecteur des pêches assigne à chaque acheteur un espace suffisant pour y déposer momentanément ses huîtres jusqu'à ce que la demande ait été complétée.

Lorsqu'un acheteur inscrit refuse de prendre livraison, il

perd son tour d'inscription et son denier à Dieu ; il peut, en outre, être exclu des marchés pour toute la saison de pêche.

ART. 310.

Les huîtres sont transportées sur le lieu de dépôt provisoire par les vendeurs, sans qu'il leur soit dû aucune indemnité par les acheteurs.

Transport des huîtres par les vendeurs sur le lieu de dépôt provisoire.

ART. 311.

Les acheteurs auxquels un dépôt provisoire a été accordé dans le port ne peuvent y laisser leurs huîtres plus de quarante-huit heures, sauf le cas de force majeure.

Les huîtres ne peuvent rester plus de 48 heures en dépôt provisoire.

Toutefois, les mandataires des acheteurs forains peuvent déposer sur leurs propres parcs les huîtres dont ils ont pris livraison pour le compte de leurs commettants.

Dans ce cas, les vendeurs sont exonérés des frais du transport.

ART. 312.

Au retour de la pêche, les bateaux sont rangés dans le port, de manière à ne pas se gêner réciproquement en jetant leurs huîtres sur le talard.

Retour des bateaux.

A moins que la marée ne le permette pas, cette opération a lieu immédiatement après la rentrée des bateaux.

ART. 313.

Dès que le triage est terminé, les huîtres sont comptées et il est immédiatement procédé à leur livraison.

Livraison des huîtres.

Si les demandes d'huîtres moyennes sont inférieures aux quantités pêchées, l'excédant peut en être partagé entre les équipages et les propriétaires ou armateurs des bateaux de pêche, sous la condition que ces huîtres seront déposées sur les étalages.

ART. 314.

Lorsque les marchés d'huîtres sont remplis, les bateaux ne peuvent plus se livrer à la pêche de ce coquillage.

Les bateaux ne peuvent aller en pêche une fois les marchés accomplis.

Pêche des huîtres sur la partie du littoral du quartier de Saint-Malo non comprise dans la baie de Cancale.

ART. 315.

La commission chargée de la recherche et de la visite des hui-

Visite annuelle des bancs.

trières, conformément à l'article 90, délimite les bancs situés sur le littoral du quartier de Saint-Malo, non compris la baie de Cancale.

Cette commission est composée d'un syndic, de deux gardes-jurés et de deux patrons de bateau au moins, désignés les uns et les autres par le commissaire de l'inscription maritime à Saint-Malo.

ART. 316.

Avis à donner par la commission.

La même commission donne son avis lorsqu'il y a lieu de suspendre la pêche sur un ou plusieurs bancs, conformément aux dispositions de l'article 96.

ART. 317.

Bateaux admis à exploiter les bancs.

L'exploitation des huîtrières situées dans le quartier de Saint-Malo, en dehors de la baie de Cancale, n'est permise qu'aux bateaux au-dessous de trois tonneaux.

ART. 318.

Admission des patrons pêcheurs de tous les ports de France à faire la pêche sur les huîtrières du quartier de Saint-Malo, en dehors de la baie de Cancale.

Les patrons pêcheurs de tous les ports de France peuvent être admis à l'exploitation des huîtrières du quartier de Saint-Malo situées en dehors de la baie de Cancale, sous les conditions ci-après indiquées :

Ceux qui désirent participer à cette exploitation doivent se munir de bateaux conformes aux prescriptions de l'article précédent et se présenter du 1er au 25 août de chaque année au bureau de l'inscription maritime à Saint-Malo pour y déclarer leur intention de faire la pêche avec les marins de ce quartier.

Ils y sont admis jusqu'à concurrence du nombre annuellement déterminé par le chef du service de la marine à Saint-Servan, qui statue à cet égard d'après les rapports constatant l'état des huîtrières et d'après l'avis du commissaire de l'inscription maritime à Saint-Malo.

Cette décision est prise dans les derniers jours du mois d'août.

ART. 319.

Tirage au sort si le nombre des bateaux inscrits excède

Si le nombre des bateaux étrangers au quartier de Saint-Malo qui demandent à participer à la pêche des huîtres excède le chiffre des inscriptions déterminé par le chef du service de la marine à Saint-Servan, le commissaire du quartier procède, en présence de deux gardes-jurés et des réclamants, au tirage au sort des bateaux qui seront admis à concourir à la pêche. le nombre de ceux qui peuvent participer à la pêche.

Le résultat de cette opération est constaté par un procès-verbal.

ART. 320.

Bulletin de pêche à délivrer à chaque bateau admis au draguage.

Le commissaire de l'inscription maritime à Saint-Malo délivre aux patrons étrangers à ce quartier admis à faire la pêche des huîtres un bulletin contenant le nom du patron, le nom et le numéro de chaque bateau, le nom du port auquel il appartient, et son tonnage.

Ce bulletin porte, en outre, le nom et les amers des huîtrières destinées à être pêchées, ainsi que le nom et la situation de celles où les huîtres au-dessous des dimensions réglementaires doivent être reportées.

Il est défendu aux patrons de bateaux étrangers au quartier de Saint-Malo de pêcher des huîtres sur le littoral de ce quartier non compris dans la baie de Cancale, sans avoir préalablement fait la déclaration prescrite par l'article 318 et sans être munis de bulletins de pêche.

V° SECTION.

CONDITIONS D'ÉTABLISSEMENT DES PÊCHERIES, DES PARCS À HUITRES, À MOULES, ET DES DÉPÔTS DE COQUILLAGES; CONDITIONS DE LEUR EXPLOITATION; RETS, FILETS, ENGINS, BATEAUX, INSTRUMENTS ET MATÉRIAUX QUI PEUVENT Y ÊTRE EMPLOYÉS.

Parcs à huîtres de la baie de Cancale.

ART. 321.

Position des parcs.

Les parcs à huîtres de la baie de Cancale continueront d'avoir pour limites une ligne droite bornant chaque côté du terrain affecté jusqu'à ce jour à ces établissements.

Cet espace sera coupé de l'est à l'ouest par un chemin de 8 mètres de largeur, pratiqué dans le lit du ruisseau conduisant à la première pêcherie; un deuxième chemin transversal, de 3 mètres de largeur, sera établi au centre, du nord au sud, entre les parcs de première série; deux autres chemins de même largeur desserviront les parcs situés sur les côtés du carré.

ART. 322.

Construction des parcs.

Les parcs sont faits au moyen d'un clayonnage double ou simple, fixé sur des pieux, ayant au plus 50 millimètres de diamètre, dont la hauteur n'excèdera pas 66 centimètres au-dessus du sol.

L'intervalle compris entre le double clayonnage peut être rempli de paille ou de vase, de manière à retenir l'eau à volonté.

ART. 323.

Numéros des parcs.

Les détenteurs des parcs sont tenus de placer à l'angle nord de chacun de ces établissements une planche portant son numéro d'ordre.

ART. 324.

Réserves faites par l'Administration.

L'administration de la marine continuera de se réserver la disposition de deux parcs nord et sud de troisième série, pour venir en aide, soit aux marchands du pays qui se trouvent surchargés de coquillage, soit aux marchands forains qui, par des circonstances de force majeure, demandent à y déposer des huîtres.

ART. 325.

Conditions imposées aux marchands d'huîtres pour obtenir la jouissance d'un parc.

Les marchands d'huîtres auxquels la jouissance des parcs peut être accordée conformément aux dispositions de l'article 150, doivent être établis à Cancale et y payer patente depuis deux ans au moins.

ART. 326.

Les parcs ne doivent pas rester inoccupés.

Il est interdit à tous détenteurs de parcs de laisser leurs établissements inoccupés pendant une année entière.

Il leur est également défendu d'empiéter sur les chemins de servitude ou sur l'établissement d'un autre concessionnaire.

ART. 327.

Les parcs doivent être maintenus en bon état. Chemins de servitude.

Les parcs doivent être maintenus en bon état.

Les chemins de servitude sont toujours laissés libres; l'accès en est interdit aux voitures autres que celles qui sont employées au commerce des huîtres.

Il est défendu d'y déposer aucune immondice; tout dépôt dont l'origine restera inconnue sera enlevé aux frais du détenteur bordier.

ART. 328.

Suppression des parcs.

Les détenteurs de parcs dépossédés en vertu de la loi du 9 janvier 1852 n'ont droit à aucune indemnité et ne peuvent enlever les matériaux entrant dans la construction de ces établissements.

ART. 329.

Cotisation annuelle à exiger des détenteurs de parcs.

Les détenteurs de parcs pourvoient, à leurs frais, à la construction et à l'entretien de leurs établissements respectifs.

Les dépenses résultant de la police spéciale des parcs et de l'entretien de ceux que réserve l'administration de la marine sont supportées par la caisse de la communauté des pêcheurs.

A cet effet, chaque détenteur de parc verse dans cette caisse une cotisation annuelle, dont le chiffre est déterminé par la commission mentionnée à l'article 180.

Le dépôt d'huîtres dans les deux parcs réservés par l'administration est assujetti à la même taxe, calculée proportionnellement à la durée de la jouissance.

ART. 330.

Police et surveillance des parcs.

La police des parcs est exercée spécialement par l'inspecteur des pêches auquel il est adjoint, pour assurer ce service, un garde-juré, dont la communauté des pêcheurs fixe les salaires.

ART. 331.

Inspection des parcs.

A la fin de chaque année, le commissaire de l'inscription maritime à Saint-Malo passe l'inspection des parcs, et la commission de répartition mentionnée à l'article 180 se réunit à la même époque, afin de procéder, s'il y a lieu, au choix de nouveaux détenteurs.

Étalages à huîtres de la baie de Cancale.

ART. 332.

Limites et divisions des étalages.

Les étalages sont limités au large par une ligne droite allant de la roche Roulais au moulin de Villedé.

L'espace occupé par les étalages est divisé dans sa longueur (du nord au sud) par des lignes perpendiculaires (est et ouest) en trois sections, entre chacune desquelles est pratiqué un chemin de 2m,50 de largeur. Chaque section est divisée dans sa longueur (du nord au sud) en douze parties, subdivisées en étalages de trois catégories. Ces catégories, de dimensions différentes, sont séparées par des chemins parallèles d'un mètre de largeur, destinés au service intérieur de chaque étalage et facilitant l'écoulement de la vase.

Le rang extérieur d'étalages, commencé à l'est de la première section, peut être continué dans la seconde et dans la troisième section.

ART. 333.

Modifications ultérieures dans les divisions actuelles des étalages.

Les modifications à ces divisions et subdivisions des étalages que les circonstances rendront ultérieurement nécessaires seront autorisées, sauf compte rendu au ministre, par le chef du service de la marine à Saint-Servan, sur le rapport de l'administrateur du sous-quartier de Cancale et l'avis du commissaire de l'inscription maritime à Saint-Malo.

ART. 334.

Construction des étalages.

Les étalages sont faits de clayonnages fixés sur des pieux en bois ayant au plus 50 millimètres de diamètre et 660 millimètres de hauteur au-dessus du sol.

Chaque étalage est numéroté à son angle nord-est.

ART. 335.

Nombre d'étalages que chacun peut obtenir.

Nul ne peut obtenir plus d'un étalage.

ART. 336.

Dépôt exceptionnel, dans les étalages, des huîtres au-dessous des dimensions réglementaires.

Par dérogation aux articles 133 et 184 du présent décret, les détenteurs d'étalages peuvent déposer dans leurs établissements les huîtres au-dessous des dimensions réglementaires recueillies à pied et à la main dans les limites nord et sud de ces établissements.

Il leur est interdit d'extraire ces huîtres de leurs étalages avant qu'elles y aient acquis les dimensions réglementaires.

ART. 337.

Suppression d'étalages.

Les détenteurs d'étalages supprimés en vertu de la loi du 9 janvier 1852 n'ont droit à aucune indemnité, et ne peuvent enlever les matériaux entrant dans la construction de ces établissements.

ART. 338.

Les étalages qui deviennent vacants par un motif quelconque sont attribués dans l'ordre ci-après indiqué : *Ordre de concession des étalages devenus vacants.*

1° Aux marins inscrits sur les matricules du sous-quartier de Cancale;

2° Aux veuves de marins;

3° Aux pères de famille ayant un ou plusieurs enfants au service de l'État;

4° Aux marchands d'huîtres établis à Cancale et y faisant ce commerce depuis deux ans au moins;

5° Aux ouvriers des professions maritimes inscrits sur les matricules du sous-quartier de Cancale.

ART. 339.

A la fin de chaque année, le commissaire de l'inscription maritime du quartier de Saint-Malo passe l'inspection des étalages, et la commission de répartition mentionnée à l'article 180 se réunit à la même époque, afin de procéder, s'il y a lieu, au choix de nouveaux détenteurs. *Inspection annuelle des étalages.*

ART. 340.

Il est interdit à tout détenteur d'étalage : *Défense faite aux détenteurs d'étalages.*

1° D'empiéter sur les chemins de service ou d'envahir tout ou partie de l'établissement d'un autre détenteur;

2° De donner une destination quelconque autre que le dépôt sur son étalage aux huîtres livrées en vertu d'inscriptions prises dans les marchés communs;

3° De descendre la nuit dans le port ou au bas de l'eau sans l'autorisation de l'administrateur de la marine ou de l'inspecteur des pêches;

4° De laisser son étalage inoccupé ou de le faire occuper par une autre personne, à quelque titre que ce soit.

ART. 341.

Tout détenteur d'étalages qui désire effectuer ses livraisons d'huîtres en présence d'un garde-juré en fait la demande à l'inspecteur des pêches, qui veille à ce que cet agent reçoive, pour ce service particulier, l'indemnité de 3 francs par jour mentionnée à l'article 22. *Surveillance des gardes-jurés dans l'intérêt particulier des étalagistes.*

ART. 342.

Cotisation à payer par les étalagistes.

Chaque détenteur d'étalages est assujetti au payement d'une cotisation proportionnée à l'importance et au produit de son établissement, et dont la quotité est déterminée par la commission de répartition dans sa séance annuelle.

ART. 343.

Caisse des étalagistes.

Le produit de ces cotisations est versé dans une caisse dite des étalagistes et employé à payer :

1° Les salaires des gardes-jurés des étalages;

2° Les dépenses faites dans l'intérêt de l'amélioration générale des étalages ;

3° Les réparations et l'entretien des chemins de service;

4° Les dépenses nécessitées par les divisions et subdivisions d'étalages ;

5° Les effets de chaussure à délivrer, à raison de leur service spécial, aux gardes-jurés des étalages.

ART. 344.

Comptes de cette caisse.

Par dérogation aux dispositions des articles 35 et suivants du titre Ier du présent décret, le syndic des gens de mer à Cancale tient la comptabilité de la caisse des étalagistes et remplit les fonctions de caissier.

Les recettes et les dépenses s'opèrent sur mandats de l'administrateur du sous-quartier de Cancale, appuyés de pièces justificatives qui doivent toujours être revêtues du visa approbatif du chef du service de la marine à Saint-Servan.

ART. 345.

Examen de ces comptes.

Le compte des recettes et des dépenses de la caisse des étalagistes est soumis, avec les pièces à l'appui, à la commission mentionnée à l'article 180, lors de sa réunion annuelle.

ART. 346.

Supplément accordé au syndic.

Il est accordé au syndic des gens de mer à Cancale, pour la tenue de la comptabilité de la caisse des étalagistes, une taxation de 5 p. 0/0 sur le produit des recettes de cette caisse.

Parcs et étalages à huîtres situés dans le quartier de Saint-Malo, en dehors de la baie de Cancale.

ART. 347.

Les dispositions des articles 322 et 334 du présent décret sont applicables aux parcs et étalages à huîtres situés sur le littoral du quartier de Saint-Malo, en dehors de la baie de Cancale. Construction des parcs et étalages.

TITRE XVI.

DISPOSITIONS SPÉCIALES AU QUARTIER DE DINAN.

Ire SECTION.

LIMITES DU QUARTIER DE DINAN.

ART. 348.

Le littoral du quartier de Dinan est limité au nord par le bras de mer de Frémur; au sud, par la rivière de l'Arguenon; dans la Rance, en aval, par le port Saint-Jean, sur la rive gauche; et, sur la rive droite, par le point de séparation des départements des Côtes-du-Nord et d'Ille-et-Vilaine; en amont, par l'écluse de Léon. Limites du quartier de Dinan.

IIe SECTION.

ÉPOQUES D'OUVERTURE ET DE CLÔTURE DES DIFFÉRENTES PÊCHES.

ART. 349.

La pêche des huîtres faite à pied et à la main est permise pendant toute l'année. Pêche des huîtres faite à pied.

La pêche des homards et des langoustes est également permise pendant toute l'année. Pêche des homards, etc.

IIIe SECTION.

RETS, FILETS, ENGINS ET INSTRUMENTS DE PÊCHE, PROCÉDÉS ET MODES DE PÊCHE PERMIS.

ART. 350.

Les rets, filets, engins, instruments, procédés et modes de pêche dont l'usage est permis dans le quartier de Dinan, sous les conditions exprimées en l'article 56 des dispositions générales et moyennant celles qui suivent, sont : Rets, filets, engins et instruments de pêche permis.

1° Les folles;

2° Les demi-folles, grandes canières, grandes pentières ou grands rieux;

3° Les tramaux sédentaires ou autres filets tramaillés;

4° Le chalut, dont l'emploi est permis pendant toute l'année dans les limites indiquées ci-après :

Du bras de mer de Frémur jusqu'à l'île de la Colombière :

A un kilomètre au large de la laisse de basse mer aux marées d'équinoxe;

De la Colombière aux rochers des Bourdinots :

En dehors d'une ligne allant de l'un à l'autre de ces deux points;

Des Bourdinots à la pointe de Saint-Cast :

En dehors d'une ligne partant de ces rochers et aboutissant à ladite pointe;

De la pointe de Saint-Cast à l'embouchure de l'Arguenon :

A un kilomètre au large de la laisse de basse-mer;

5° La grande seine à jet;

Ce filet est permis pendant toute l'année. Depuis le 1er août jusqu'au 1er mai, il peut être débordé soit au large, au moulinet, soit à terre; du 1er mai au 1er août, il ne doit être débordé qu'au large, au moulinet;

6° La petite seine;

Ce filet est permis pendant toute l'année, mais seulement sur les bancs et grèves de sable compris dans le syndicat de Saint-Jacut;

7° Les rets à sardines;

8° Le carreau ou hunier;

9° Les dards ou foènes;

10° Le havenet à chevrettes;

L'usage de cet engin est permis pendant toute l'année;

11° Les bouteux, haveneaux et autres instruments servant à la pêche des chevrettes;

Il est permis de se servir de ces engins pendant toute l'année;

12° La seine à chevrettes;

Cet engin est autorisé, exclusivement et pendant toute l'année, dans la rivière de l'Arguenon, en amont de la roche connue sous le nom de *Héronnière;*

13° La drague à huîtres;

L'usage de cette drague n'est permis que pour la pêche des

huîtres en bateau et pendant la période d'ouverture de cette pêche;

14° Le couteau à moules;

15° Le râteau à moules;

16° Les claies, paniers, bouraques et autres engins employés à la pêche des crabes, homards, rocailles et poissons à croûte;

17° Les verveux, varveux ou louves;

18° Le croc en fer;

19° L'hameçon;

20° Les couteaux, crochets, pelles en bois ou en fer.

IVe SECTION.

DISPOSITIONS SPÉCIALES PROPRES À PRÉVENIR LA DESTRUCTION DU FRAI ET À ASSURER LA CONSERVATION DU POISSON ET DU COQUILLAGE, NOTAMMENT CELLES RELATIVES À LA RÉCOLTE DES HERBES MARINES; CLASSIFICATION DU POISSON RÉPUTÉ FRAI; DIMENSIONS AU-DESSOUS DESQUELLES LES DIVERSES ESPÈCES DE POISSONS ET DE COQUILLAGES NE POURRONT PAS ÊTRE PÊCHÉES ET DEVRONT ÊTRE REJETÉES À LA MER, OU, POUR LES COQUILLAGES, DÉPOSÉES EN DES LIEUX DÉTERMINÉS.

Pêche des huîtres.

ART. 351.

La commission chargée de la recherche et de la visite des huîtrières, conformément à l'article 90, est composée comme suit: *Visite annuelle des bancs.*

Le syndic des gens de mer à Saint-Jacut;

Le garde maritime;

Un garde-juré;

Un patron de bateau.

ART. 352.

La même commission donne son avis, lorsqu'il y a lieu de suspendre la pêche sur un ou plusieurs bancs, conformément aux dispositions de l'article 96. *Avis à donner par cette commission.*

ART. 353.

Le garde-juré de service détermine les marées pendant lesquelles les pêcheurs peuvent draguer. *Fixation des marées de pêche.*

ART. 354.

Chaque fois que quatre bateaux au moins draguent simultanément, le garde-juré de service est tenu d'assister à la pêche, et c'est à lui qu'en appartient la police. *Surveillance pendant la pêche.*

Vᵉ SECTION.

CONDITIONS D'ÉTABLISSEMENT DES PÊCHERIES, DES PARCS À HUÎTRES, À MOULES, ET DES DÉPÔTS DE COQUILLAGE; CONDITIONS DE LEUR EXPLOITATION; RETS, FILETS, ENGINS, BATEAUX, INSTRUMENTS ET MATÉRIAUX QUI PEUVENT Y ÊTRE EMPLOYÉS.

Parcs à huîtres.

ART. 55.

Construction des parcs à huîtres.

Les parcs à huîtres sont faits au moyen d'un clayonnage double ou simple, fixé sur des pieux ayant au plus 50 millimètres de diamètre, dont la hauteur ne doit pas excéder 50 centimètres au-dessus du sol.

L'intervalle compris entre le double clayonnage peut être rempli de paille ou de vase, de manière à retenir l'eau à volonté.

Les parcs peuvent également être faits de vase, maintenue par des pierres simplement posées sur cette vase et qui ne doivent jamais être empilées en forme de mur.

La hauteur de cette enceinte ne doit pas dépasser 50 centimètres.

ART. 356.

Numéros des parcs.

Les détenteurs de parcs sont tenus de placer à l'angle nord de chacun de leurs établissements une planche portant son numéro d'ordre.

ART. 357.

Les parcs ne doivent pas rester inoccupés.

Il est interdit aux détenteurs de parcs de laisser leurs établissements inoccupés pendant une année entière.

Il leur est également défendu d'empiéter sur les chemins de servitude ou sur les établissements d'un autre concessionnaire.

ART. 358.

Les parcs doivent être maintenus en bon état.

Les parcs doivent être maintenus en bon état.

Les chemins de servitude seront toujours laissés libres; l'accès en est interdit aux voitures autres que celles qui sont employées au commerce des huîtres.

Il est défendu d'y déposer aucune immondice; tout dépôt dont l'origine reste inconnue est enlevé aux frais du détenteur bordier.

ART. 359.

Les détenteurs des parcs pourvoient, à leurs frais, à la construction et à l'entretien de leurs établissements respectifs.

Ceux qui sont dépossédés en vertu de la loi du 9 janvier 1852 n'ont droit à aucune indemnité et ne peuvent enlever les matériaux entrant dans la construction des parcs.

Les détenteurs des parcs pourvoient aux frais de construction et à l'entretien de ces établissements.

Étalages à huîtres.

ART. 360.

Les étalages à huîtres ne seront établis que sur les portions de grèves comprises entre le point de haute mer et le point de basse mer dans les marées de morte-eau.

Position des étalages.

ART. 361.

Les étalages sont entourés de pierres simplement posées sur la grève et qui ne doivent jamais être empilées en forme de mur.

Construction des étalages.

TITRE XVII.

DISPOSITIONS SPÉCIALES AU SOUS-ARRONDISSEMENT DE BREST.

ART. 362.

Le littoral du sous-arrondissement de Brest est limité au nord par la rivière de l'Arguenon et au sud par l'Odet.

Il comprend les cinq quartiers ci-après dénommés :

Saint-Brieuc;
Paimpol;
Morlaix;
Brest;
Quimper.

Littoral du sous-arrondissement de Brest.

TITRE XVIII.

DISPOSITIONS SPÉCIALES AU QUARTIER DE SAINT-BRIEUC.

Ire SECTION.

LIMITES DU QUARTIER DE SAINT-BRIEUC.

ART. 363.

Le littoral du quartier de Saint-Brieuc est limité au nord par la rivière de l'Arguenon et au sud par la pointe du bec de Vire.

Limites du quartier de Saint-Brieuc.

IIe SECTION.

ÉPOQUE D'OUVERTURE ET DE CLÔTURE DES DIFFÉRENTES PÊCHES.

ART. 364.

Clôture de la pêche des homards et des langoustes.

La pêche des homards et des langoustes est interdite du 30 avril au 1er août.

IIIe SECTION.

RETS, FILETS, ENGINS, INSTRUMENTS, PROCÉDÉS ET MODES DE PÊCHE PERMIS.

ART. 365.

Rets, filets, engins et instruments de pêche permis.

Les rets, filets, engins, instruments, procédés et modes de pêche dont l'usage est permis dans le quartier de Saint-Brieuc, sous les conditions exprimées en l'article 56 des dispositions générales et moyennant celles qui suivent, sont :

1° Les folles;

2° Les demi-folles;

3° Les tramaux sédentaires ou autres filets tramaillés;

4° Le chalut, dont l'emploi est permis pendant toute l'année dans les limites indiquées ci-après :

De l'embouchure de l'Arguenon à la pointe du cap Fréhel :

A un mille au large de la laisse de basse mer;

Du cap Fréhel à la pointe de Vauburel :

A trois milles au large de la laisse de basse mer;

De la pointe de Vauburel au bec de Vire :

A deux milles au large de la laisse de basse mer;

5° La grande seine à jet.

Ce filet est permis pendant toute l'année, mais de jour seulement.

6° Les rets à sardines;

7° Les rets à hareng;

8° Les rets à maquereau;

9° Le filet à saumon;

10° Les dards ou foènes;

11° Le havenet à chevrettes;

Cet engin est permis pendant toute l'année.

12° Les bouteux, haveneaux et autres instruments servant à la pêche des chevrettes;

Ces engins sont permis pendant toute l'année.

13° La drague à huîtres;

L'usage de cette drague n'est permis que pour la pêche des huîtres en bateau, et pendant la période d'ouverture de cette pêche.

14° Le couteau à moules;

15° Le râteau à moules;

16° Les claies, paniers, bouraques et autres engins employés pour la pêche des crabes, homards, rocailles et autres poissons à croûte;

17° Les verveux, varveux ou louves;

18° Le croc en fer;

19° L'hameçon;

20° Les couteaux, crochets, pelles en bois ou en fer.

IVe SECTION.

DISPOSITIONS SPÉCIALES PROPRES À PRÉVENIR LA DESTRUCTION DU FRAI ET À ASSURER LA CONSERVATION DU POISSON ET DU COQUILLAGE, NOTAMMENT CELLES RELATIVES À LA RÉCOLTE DES HERBES MARINES; CLASSIFICATION DU POISSON RÉPUTÉ FRAI; DIMENSIONS AU-DESSOUS DESQUELLES LES DIVERSES ESPÈCES DE POISSONS ET DE COQUILLAGES NE POURRONT PAS ÊTRE PÊCHÉES ET DEVRONT ÊTRE REJETÉES À LA MER, OU, POUR LES COQUILLAGES, DÉPOSÉES EN DES LIEUX DÉTERMINÉS.

Pêche des huîtres.

ART. 366.

La commission chargée de la recherche et de la visite des huîtrières, conformément à l'article 90, est composée comme suit: Visite annuelle des bancs.

Le syndic des gens de mer;

Le garde maritime;

Deux patrons de bateau.

ART. 367.

La même commission donne son avis lorsqu'il y a lieu de suspendre la pêche sur un ou plusieurs bancs, conformément aux dispositions de l'article 96. Avis à donner par cette commission.

ART. 368.

Les patrons pêcheurs de tous les ports de France peuvent être admis à l'exploitation des huîtrières dépendant du quartier de Saint-Brieuc, sous les réserves ci-après indiquées. Admission des patrons de bateau de tous les ports de France à faire la pêche sur les huîtrières du quartier de Saint-Brieuc.

ART. 369.

Mode à suivre à cet effet.

Ceux qui désirent participer à cette exploitation en font la déclaration, du 1er au 25 août de chaque année, au bureau du commissaire de l'inscription maritime à Saint-Brieuc.

Ils y sont admis après les pêcheurs du quartier de Saint-Brieuc et jusqu'à concurrence du nombre annuellement déterminé par le préfet maritime, qui statue à cet égard d'après les rapports constatant l'état des huîtrières et d'après l'avis du commissaire de l'inscription maritime.

Cette décision est prise dans les derniers jours du mois d'août.

ART. 370.

Tirage au sort si le nombre des bateaux inscrits excède le nombre de ceux qui peuvent participer à la pêche.

Si le nombre des bateaux étrangers au quartier de Saint-Brieuc, qui demandent à participer à la pêche des huîtres, excède le chiffre déterminé par le préfet maritime, le commissaire du quartier procède, en présence du syndic des gens de mer, de deux patrons de bateaux et des réclamants, au tirage au sort des bateaux inscrits qui doivent être admis à concourir à la pêche.

Le résultat de cette opération est constaté par un procès-verbal.

ART. 371.

Bulletin de pêche à délivrer à chaque bateau admis au dragage.

Le commissaire de l'inscription maritime délivre aux patrons admis à faire la pêche des huîtres un bulletin contenant le nom du patron, le nom et le numéro de chaque bateau, le nom du port auquel il appartient et son tonnage.

Ce bulletin porte en outre le nom et les amers des huîtrières destinées à être pêchées, ainsi que le nom et la situation de celles sur lesquelles les huîtres au-dessous des dimensions réglementaires doivent être reportées.

Il est défendu aux patrons étrangers au quartier de Saint-Brieuc de pêcher des huîtres sans avoir préalablement fait la déclaration prescrite par l'article 369 et sans être munis de bulletins de pêche.

Ve SECTION.

CONDITIONS D'ÉTABLISSEMENT DES PÊCHERIES, DES PARCS À HUÎTRES, À MOULES, ET DES DÉPÔTS DE COQUILLAGES; CONDITIONS DE LEUR EXPLOITATION; RETS, FILETS, ENGINS, BATEAUX, INSTRUMENTS ET MATÉRIAUX QUI PEUVENT Y ÊTRE EMPLOYÉS.

Hauts parcs.

ART. 372.

Il est interdit de tendre des hauts parcs sur le littoral du quartier de Saint-Brieuc depuis la pointe du cap Fréhel jusqu'à la pointe de Vire.

Interdiction des hauts parcs dans la baie de Saint-Brieuc.

Bas parcs.

ART. 373.

La même interdiction est applicable aux bas parcs et à tous autres filets tendus sur les grèves au moyen de pieux.

Même interdiction pour les bas parcs.

Parcs à huîtres.

ART. 374.

Les parcs à huîtres sont faits au moyen d'un clayonnage double ou simple, fixé sur des pieux ayant au plus 50 millimètres de diamètre et dont la hauteur ne doit pas excéder 500 millimètres au-dessus du sol.

Construction des parcs à huîtres.

L'intervalle compris entre le double clayonnage peut être rempli de paille ou de vase, de manière à retenir l'eau à volonté.

ART. 375.

Il est interdit aux détenteurs de parcs de laisser leurs établissements inoccupés pendant une année entière.

Les parcs ne doivent pas rester inoccupés.

Il leur est également défendu d'empiéter sur les chemins de servitude ou sur les établissements d'un autre concessionnaire.

ART. 376.

Les parcs doivent être maintenus en bon état.

Les parcs doivent être maintenus en bon état.

Les chemins de servitude seront toujours laissés libres; l'accès en est interdit aux voitures autres que celles qui sont employées au commerce des huîtres.

Il est défendu d'y déposer aucune immondice; tout dépôt dont l'origine reste inconnue est enlevé aux frais du détenteur bordier.

ART. 377.

Les détenteurs des parcs pourvoient aux frais de construction et à l'entretien de ces établissements.

Les détenteurs des parcs pourvoient, à leurs frais, à la construction et à l'entretien de leurs établissements respectifs.

Ceux qui sont dépossédés en vertu de la loi du 9 janvier 1852 n'ont droit à aucune indemnité, et ne peuvent enlever les matériaux entrant dans la construction des parcs.

TITRE XIX.

DISPOSITIONS SPÉCIALES AU QUARTIER DE PAIMPOL.

Ire SECTION.

LIMITES DU QUARTIER DE PAIMPOL.

ART. 378.

Limites du quartier de Paimpol.

Le littoral du quartier de Paimpol est limité au nord par la pointe du bec de Vire et au sud par le ruisseau de Pors-ar-go.

IIe SECTION.

ÉPOQUE D'OUVERTURE ET DE CLÔTURE DES DIFFÉRENTES PÊCHES.

ART. 379.

Pêche des homards et des langoustes.

La pêche des homards et des langoustes est interdite du 30 avril au 1er août.

IIIe SECTION.

RETS, FILETS, ENGINS ET INSTRUMENTS DE PÊCHE, PROCÉDÉS ET MODES DE PÊCHE PERMIS.

ART. 380.

Rets, filets, engins et instruments de pêche permis.

Les rets, filets, engins, instruments, procédés et modes de pêche, dont l'usage est permis dans le quartier de Paimpol, sous les conditions exprimées en l'article 56 des dispositions générales et moyennant celles qui suivent, sont :

1° Les folles;

2° Les demi-folles;

3° Les tramaux sédentaires ou autres filets tramaillés;

4° Le chalut, dont l'emploi est permis pendant toute l'année à trois milles de la laisse de basse-mer;

5° La grande seine à jet:

L'usage de ce filet est permis pendant toute l'année;

6° La seine à prêtres;
7° Les rets à sardine;
8° Les rets à hareng;
9° Les rets à maquereau;
10° Le filet à saumon;
11° Le casier à vieilles;
12° Les dards ou foènes;
13° Le ciseau:

L'usage de ce filet est interdit dans la rivière du Trieux, en amont du pont de Lézardrieux, et sur la rivière de Tréguier, en amont de l'embouchure du Guendy;

14° Le havenet à chevrettes:

Cet engin est interdit du 1er mai au 1er juillet;

15° Les bouteux, haveneaux, etc.:

L'usage de ces engins est interdit du 1er mai au 1er juillet;

16° Les chaudières et autres instruments sédentaires;
17° La drague à huîtres, à maërl et à sables coquilliers:

Conformément aux dispositions de l'article 56, les mailles du sac de la drague peuvent être réduites à 35 millimètres pour l'exploitation des huîtrières situées dans les rivières de Tréguier et du Trieux;

18° Les couteaux à moules;
19° Les râteaux à moules;
20° Les claies, paniers, bouraques et autres engins employés à la pêche des crabes, homards, rocailles et poissons à croûte;
21° Les verveux, varveux ou louves;
22° Le croc en fer;
23° L'hameçon;
24° Les couteaux, crochets, pelles en bois ou en fer.

IVe SECTION.

DISPOSITIONS SPÉCIALES PROPRES À PRÉVENIR LA DESTRUCTION DU FRAI ET À ASSURER LA CONSERVATION DU POISSON ET DU COQUILLAGE, NOTAMMENT CELLES RELATIVES À LA RÉCOLTE DES HERBES MARINES; CLASSIFICATION DU POISSON RÉPUTÉ FRAI; DIMENSIONS AU-DESSOUS DESQUELLES LES DIVERSES ESPÈCES DE POISSONS ET DE COQUILLAGES NE POURRONT PAS ÊTRE PÊCHÉES ET DEVRONT ÊTRE REJETÉES À LA MER, OU, POUR LES COQUILLAGES, DÉPOSÉES EN DES LIEUX DÉTERMINÉS.

Pêche des huîtres en mer.

ART. 381.

La commission chargée de la recherche et de la visite des — Visite annuelle des bancs.

huîtrières, conformément à l'article 90, est composée comme suit :

Le syndic des gens de mer;

Deux gardes maritimes ou un garde maritime et un prud'homme;

Quatre patrons de bateau.

ART. 382.

Avis à donner par cette commission.

La même commission donne son avis lorsqu'il y a lieu de suspendre la pêche sur un ou plusieurs bancs, conformément aux dispositions de l'article 96.

ART. 383.

La livraison des huîtres est faite sur la plage.

Les huîtres sont livrées sur la plage à découvert, avant d'être embarquées pour l'exportation ou placées dans les parcs.

ART. 384.

Nouveau triage s'il se trouve des huîtres prohibées parmi celles qui ont été livrées.

Tout acheteur qui a pris livraison d'huîtres au-dessous des dimensions réglementaires est tenu de faire procéder à un nouveau triage, et de faire reporter, à ses frais, sur le banc désigné à cet effet, les huîtres dont la pêche est prohibée.

ART. 385.

Transport d'huîtres.

Les transports d'huîtres, des lieux de dépôts particuliers de chaque bateau, soit à un parc ou étalage, soit à un navire, ne peuvent se faire que consécutivement et non simultanément, à moins d'autorisation du garde maritime.

Pêche des huîtres en rivière de Tréguier.

ART. 386.

Visite des bancs.

A l'époque indiquée par l'article 90, une commission composée du syndic des gens de mer de Tréguier, du maître de port, de deux patrons de bateau et de deux notables, procède à la visite des huîtrières, afin d'en constater l'état.

L'un des notables ci-dessus mentionnés représente la commune de Tréguier; l'autre, les communes sur le littoral desquelles est située une partie de l'huîtrière.

ART. 387.

Dépôt des dragues.

Après chaque jour de pêche, les bateaux doivent être amarrés au quai de Tréguier, sauf le cas de force majeure dûment constaté, à moins que les patrons ne préfèrent déposer leurs dragues avant le coucher du soleil dans un local désigné à cet effet.

ART. 388.

Nul ne peut disposer du produit de sa pêche avant qu'il ait été visité par les agents de la marine.

Le produit de la pêche doit être visité avant que l'on en dispose.

ART. 389.

Les dispositions de l'article 384 ci-dessus sont applicables en rivière de Tréguier.

Application à Tréguier de l'article 384.

ART. 390.

Les patrons pêcheurs étrangers au sous-quartier de Tréguier, qui désirent participer à l'exploitation des bancs d'huîtres de la rivière de ce nom en font la déclaration, du 1er au 25 août de chaque année, au bureau de l'administrateur de la marine.

Exploitation de l'huîtrière de Tréguier par des patrons de bateau étrangers à ce sous-quartier.

Ils y sont admis après les pêcheurs du sous-quartier de Tréguier et jusqu'à concurrence du nombre annuellement déterminé par le préfet maritime, qui statue à cet égard d'après les rapports constatant l'état des huîtrières et d'après l'avis du commissaire du quartier de Paimpol.

Cette décision est prise dans les derniers jours du mois d'août.

ART. 391.

Si le nombre des bateaux étrangers au sous-quartier de Tréguier, qui demandent à participer à la pêche des huîtres, excède le chiffre déterminé par le préfet maritime, l'administrateur du sous-quartier procède, en présence du syndic des gens de mer, de deux patrons de bateau et des réclamants, au tirage au sort des bateaux inscrits qui doivent être admis à concourir à la pêche.

Tirage au sort si le nombre des bateaux inscrits excède le nombre de ceux qui peuvent participer à la pêche.

ART. 392.

L'administrateur de la marine à Tréguier délivre aux patrons étrangers à ce sous-quartier, admis à faire la pêche des huîtres, un bulletin contenant le nom du patron, le nom et le numéro de chaque bateau, le nom du port auquel il appartient et son tonnage.

Bulletin de pêche à délivrer à chaque bateau admis au dragage.

Ce bulletin porte en outre les amers de la partie des huîtrières destinée à être pêchée et du lieu où les huîtres au-dessous des dimensions réglementaires doivent être reportées.

Il est défendu aux patrons étrangers au sous-quartier de Tréguier de pêcher des huîtres sur les bancs de ce sous-quartier sans avoir préalablement fait la déclaration prescrite par l'article 390, et sans être munis de bulletins de pêche.

Pêche des huîtres en rivière du Trieux.

ART. 393.

Visite des bancs.

La visite des bancs d'huîtres en rivière du Trieux est faite conformément aux prescriptions de l'article 90 par une commission composée du syndic des gens de mer et du maître de port de Tréguier, ainsi que de deux patrons pêcheurs des bords du Trieux.

ART. 394.

Application des dispositions adoptées pour la pêche en rivière de Tréguier.

Les mesures d'ordre et de police adoptées pour la pêche des huîtres dans la rivière de Tréguier sont applicables en rivière du Trieux.

Ve SECTION.

CONDITIONS D'ÉTABLISSEMENT DES PÊCHERIES, DES PARCS À HUÎTRES, À MOULES ET DES DÉPÔTS DE COQUILLAGES; CONDITIONS DE LEUR EXPLOITATION; RETS, FILETS, ENGINS, BATEAUX, INSTRUMENTS ET MATÉRIAUX QUI PEUVENT Y ÊTRE EMPLOYÉS.

Hauts parcs.

ART. 395.

Interdiction des hauts parcs dans le quartier de Paimpol.

Il est interdit de tendre des hauts parcs dans toute la circonscription du quartier de Paimpol.

Bas parcs.

ART. 396.

Même interdiction pour les bas parcs.

La même interdiction est applicable aux bas parcs et à tous autres filets tendus sur les grèves au moyen de pieux.

Parcs à huîtres dans le quartier de Paimpol.

ART. 397.

Construction de parcs à huîtres dans le quartier de Paimpol.

Dans le quartier de Paimpol, les parcs à huîtres sont faits au moyen d'un clayonnage double ou simple, ayant au plus 50 millimètres de diamètre, et dont la hauteur n'excède pas 300 millimètres au-dessus du sol.

L'intervalle compris entre le double clayonnage peut être rempli de paille ou de vase, de manière à retenir l'eau à volonté.

La superficie de ces parcs ne peut excéder 4,060 mètres carrés.

ART. 398.

Il est affecté à chaque bateau se livrant à la pêche des huîtres, une portion de grève propre à servir de dépôt provisoire à sa pêche journalière. Dépôts provisoires.

ART. 399.

Les dispositions de l'article 397 sont modifiées ainsi qu'il suit, en ce qui concerne les parcs à huîtres établis dans les rivières de Tréguier et du Trieux. Modifications des dispositions de l'article 397 en ce qui concerne les parcs à huîtres de Tréguier et du Trieux.

Parcs de la rivière de Tréguier.

ART. 400.

Les parcs à huîtres de la rivière de Tréguier sont faits au moyen d'un clayonnage double ou simple, fixé sur des pieux ayant au plus 50 millimètres de diamètre, et dont la hauteur n'excède pas 400 millimètres au-dessus du sol. Construction des parcs à huîtres dans la rivière de Tréguier.

L'intervalle compris entre le double clayonnage peut être rempli de paille ou de vase, de manière à retenir l'eau à volonté.

ART. 401.

Les parcs sont balisés, afin que leur emplacement soit parfaitement marqué. Balisage des parcs.

Leur superficie ne peut excéder 2,500 mètres carrés.

ART. 402.

Les parcs doivent en tout temps être pourvus d'une quantité d'huîtres au moins égale au cinquième de leur contenance totale. Les parcs ne doivent pas rester inoccupés.

ART. 403.

Il est interdit aux détenteurs de parcs d'empiéter sur les chemins de servitude ou sur l'établissement d'un autre concessionnaire. Interdiction d'empiéter sur les chemins de servitude.

Parcs sur la rivière du Trieux.

ART. 404.

Les parcs de la rivière du Trieux sont régis par les mêmes dispositions que ceux de la rivière de Tréguier.

Les dispositions des quatre articles précédents sont applicables aux parcs à huîtres situés dans la rivière du Trieux.

TITRE XX.

DISPOSITIONS SPÉCIALES AU QUARTIER DE MORLAIX.

Ire SECTION.

LIMITES DU QUARTIER DE MORLAIX.

ART. 405.

Limites du quartier de Morlaix.

Le littoral du quartier de Morlaix est limité au nord par le ruisseau de Pors-ar-Go et au sud par la rivière de l'Aber-Wrac'h.

IIe SECTION.

ÉPOQUES D'OUVERTURE ET DE CLÔTURE DES DIFFÉRENTES PÊCHES.

Pêche des homards et des langoustes.

ART. 406.

Pêche des homards et des langoustes.

La pêche des homards et des langoustes est interdite du 30 avril au 1er août.

IIIe SECTION.

RETS, FILETS, ENGINS, INSTRUMENTS, PROCÉDÉS ET MODES DE PÊCHE PERMIS.

ART. 407.

Rets, filets, engins et instruments de pêche permis.

Les rets, filets, engins, instruments, procédés et modes de pêche dont l'usage est permis dans le quartier de Morlaix, sous les conditions exprimées en l'article 56 des dispositions générales et moyennant celles qui suivent, sont :

1° Les folles :

2° Les demi-folles;

3° Les petites canières, petites pentières, petits rieux, etc.;

4° Les tramaux sédentaires;

5° Le chalut, dont l'emploi est permis pendant toute l'année à un mille au large de la laisse de basse mer :

L'usage de cet engin est interdit dans la rade de Morlaix;

6° La grande seine à jet :

L'usage de ce filet est interdit du 1er mai au 1er juillet ;

7° Les rets à sardine;

8° Les rets à hareng;

9° Les rets à maquereau;

10° Le havenet, havet ou haveau;

11° Le filet à saumon;

12° Les dards ou foènes;

13° Le havenet à chevrettes :

L'usage de cet engin est interdit du 1er mai au 1er juillet ;

14° Les bouteux et autres instruments servant à la pêche des chevrettes:

L'usage de ces engins est interdit du 1er mai au 1er juillet;

15° Les chaudières et autres instruments sédentaires;

16° La drague à huîtres, à maërl, à sables coquilliers, etc.;

17° Les couteaux à moules;

18° Les claies, paniers, bouraques et autres engins employés à la pêche des crabes, homards, rocailles et poissons à croûte;

19° Les varveux, verveux ou louves;

20° Le croc en fer;

21° L'hameçon;

22° Les couteaux, crochets, pelles en bois ou en fer.

IVe SECTION.

DISPOSITIONS SPÉCIALES PROPRES À PRÉVENIR LA DESTRUCTION DU FRAI ET À ASSURER LA CONSERVATION DU POISSON ET DU COQUILLAGE, NOTAMMENT CELLES RELATIVES À LA RÉCOLTE DES HERBES MARINES; CLASSIFICATION DU POISSON RÉPUTÉ FRAI; DIMENSIONS AU-DESSOUS DESQUELLES LES DIVERSES ESPÈCES DE POISSONS OU DE COQUILLAGES NE POURRONT PAS ÊTRE PÊCHÉES ET DEVRONT ÊTRE REJETÉES À LA MER, OU, POUR LES COQUILLAGES, DÉPOSÉES EN DES LIEUX DÉTERMINÉS.

Pêche des huîtres.

ART. 408.

La commission chargée de la recherche et de la visite des huîtrières, conformément à l'article 90, est composée comme suit : **Visite annuelle des bancs.**

Pour les bancs du sous-quartier de Roscoff :

Le syndic des gens de mer à Roscoff;

Le maître de port;

Deux membres du conseil municipal de Saint-Pol-de-Léon, ou deux prud'hommes pêcheurs;

Deux patrons de bateau.

Pour les bancs de la rade de Morlaix :

Le syndic des gens de mer ;

Le maître de port;

Deux membres du conseil municipal ou deux prud'hommes pêcheurs;

Deux patrons de bateau.

ART. 409.

Avis à donner par cette commission.

La même commission donne son avis lorsqu'il y a lieu de suspendre la pêche sur un ou plusieurs bancs, conformément aux dispositions de l'article 96.

ART. 410.

Les huîtres ne peuvent être débarquées avant d'avoir été visitées par un agent de la marine.

Les huîtres provenant de la pêche ne peuvent être débarquées avant d'avoir subi la visite d'un agent de la marine.

A cet effet, tous les bateaux dragueurs se rendent, au retour de la pêche, à l'endroit désigné par l'administrateur de la marine.

ART. 411.

Visite des produits de la pêche à pied.

Les pêcheurs à pied doivent, avant de quitter la grève, faire visiter leurs paniers par les agents commis à cette visite.

Ve SECTION.

CONDITIONS D'ÉTABLISSEMENT DES PÊCHERIES, DES PARCS À HUÎTRES, À MOULES, ET DES DÉPÔTS DE COQUILLAGES; CONDITIONS DE LEUR EXPLOITATION; RETS, FILETS, ENGINS, BATEAUX, INSTRUMENTS ET MATÉRIAUX QUI PEUVENT Y ÊTRE EMPLOYÉS.

Hauts parcs.

ART. 412.

Interdiction des hauts parcs dans le qartier de Morlaix.

Il est interdit de tendre des hauts parcs sur le littoral du quartier de Morlaix.

Bas parcs.

ART. 413.

Même interdiction pour les bas parcs.

La même interdiction s'applique aux bas parcs.

Parcs à huîtres.

ART. 414.

Les parcs à huîtres sont faits au moyen d'un clayonnage double ou simple, fixé sur des pieux ayant au plus $0^{m},050$ de diamètre et dont la hauteur n'excède pas $0^{m},500$ au-dessus du sol. Construction des parcs à huîtres.

L'intervalle compris entre le double clayonnage peut être rempli de paille ou de vase, de manière à retenir l'eau à volonté.

TITRE XXI.

DISPOSITIONS SPÉCIALES AU QUARTIER DE BREST.

Ire SECTION.

LIMITES DU QUARTIER DE BREST.

ART. 415.

Le littoral du quartier de Brest est limité au nord par la rivière de l'Aber-Wrac'h et au sud par le ruisseau du Moulin (commune de Saint-Nic). Limites du quartier de Brest.

IIe SECTION.

ÉPOQUE D'OUVERTURE ET DE CLÔTURE DES DIFFÉRENTES PÊCHES.

Pêche des homards et des langoustes.

ART. 416.

La pêche des homards et des langoustes est interdite du 30 avril au 1er août. Pêche des homards et des langoustes.

IIIe SECTION.

RETS, FILETS, ENGINS, INSTRUMENTS, PROCÉDÉS ET MODES DE PÊCHE PERMIS.

ART. 417.

Les rets, filets, engins, instruments, procédés et modes de pêche dont l'usage est permis dans le quartier de Brest, sous les conditions énoncées en l'article 56 des dispositions générales et moyennant celles qui suivent, sont: Rets, filets, engins et instruments de pêche permis.

1° Les folles;
2° Les demi-folles,
3° Les tramaux sédentaires;

4° Le chalut, dont l'usage n'est permis que du 1er septembre au 30 avril, à trois milles au large de la laisse de basse mer :

L'usage de cet engin est interdit pendant toute l'année dans la rade de Brest et dans ses affluents;

Il n'est permis dans la baie de Camaret que du 15 octobre au 30 avril;

5° La grande seine à jet :

L'usage de ce filet est interdit du 1er mai au 1er juillet;

Il est prohibé dans la baie de Camaret du 1er mai au 15 octobre;

6° Les rets à sardine;

7° Les rets à hareng;

8° Les rets à maquereau;

9° Le carreau ou hunier;

10° Le filet à saumon;

11° Les dards ou foènes;

12° Le havenet à chevrettes:

L'usage de cet engin est interdit du 1er mai au 1er juillet;

13° Les bouteux et autres instruments servant à la pêche des chevrettes :

L'usage de ces engins est défendu du 1er mai au 1er juillet;

14° Les chaudières et autres instruments sédentaires;

15° La drague à huîtres, à maërl, à sables coquilliers et à goëmon rouge:

L'usage de cet engin n'est autorisé en rade de Brest qu'aux époques et sur les points indiqués aux articles 8, 9, 10 et 11 du règlement du 10 juillet 1849, spécial à cette rade, et au moyen de bateaux non pontés conduits par des inscrits maritimes et pourvus de rôles d'équipages;

Il est interdit dans la baie de Camaret du 1er juin au 15 octobre;

16° La cuiller en fer pour la pêche des amendements marins;

17° Le couteau à moules;

18° Le rateau à moules;

19° Les claies, paniers, bouraques et autres engins employés à la pêche des crabes, homards, rocailles et autres poissons à croûte;

20° Les varveux, verveux ou louves;

21° Le croc en fer;

22° L'hameçon;

23° Les couteaux, crochets, pelles en bois ou en fer.

IVe SECTION.

DISPOSITIONS SPÉCIALES PROPRES À PRÉVENIR LA DESTRUCTION DU FRAI ET À ASSURER LA CONSERVATION DU POISSON ET DU COQUILLAGE, NOTAMMENT CELLES RELATIVES À LA RÉCOLTE DES HERBES MARINES; CLASSIFICATION DU POISSON RÉPUTÉ FRAI; DIMENSIONS AU-DESSOUS DESQUELLES LES DIVERSES ESPÈCES DE POISSONS ET DE COQUILLAGES NE POURRONT PAS ÊTRE PÊCHÉES ET DEVRONT ÊTRE REJETÉES À LA MER, OU, POUR LES COQUILLAGES, DÉPOSÉES EN DES LIEUX DÉTERMINÉS.

Pêche des huîtres, du maërl et du goëmon rouge.

ART. 418.

Visite annuelle des huîtrières et des gisements de maërl et de goëmon rouge en rade de Brest.

La commission chargée de la recherche et de la visite des huîtrières, conformément à l'article 90, est composée comme suit, pour la rade de Brest :

Un capitaine de vaisseau, président;

Un membre du conseil général du département du Finistère;

Un membre de la société d'agriculture de Brest;

Le commissaire de l'inscription maritime en ce port;

Un médecin de la marine, professeur d'histoire naturelle;

L'officier commandant les bâtiments garde-pêches de la rade de Brest.

Les opérations de cette commission s'étendent aux gisements de maërl et de goëmon rouge existant dans la rade de Brest.

Cette visite a lieu également un mois après la clôture des opérations de pêche.

ART. 419.

Attributions spéciales de cette commission.

La commission mentionnée à l'article précédent n'a point à traiter de l'aménagement principal ni des autres règles établies par le présent décret et par l'arrêté préfectoral du 10 juillet 1849.

Elle doit, en se tenant rigoureusement dans les limites de temps et de lieu rappelées à l'article 417 ci-dessus, exprimer son avis sur la manière de régler l'exploitation pendant la saison prochaine de pêche, c'est-à-dire sur les points ou parties à exploiter, sur les époques d'ouverture et de clôture, enfin et principalement sur l'ordre à suivre dans l'exploitation.

ART. 420.

Mode à suivre dans l'exploitation.

L'exploitation est réglée de manière,

1° A ouvrir le dragage du maërl le 1er septembre;

2° A autoriser, vers la mi-octobre, la pêche sur quelques-unes des huîtrières exploitables où se trouve abondamment le goëmon rouge;

3° A suspendre ensuite le dragage des huîtres jusqu'au commencement du carême;

4° A employer les bateaux, dans cet intervalle, à l'exploitation du maërl et à celle du goëmon rouge sur les points où ce fucus pousse seul et peut être récolté à partir du 1er décembre.

De l'officier commandant les bâtiments garde-pêches.

ART. 421.

Devoir de l'officier commandant les garde-pêches.

La police et la surveillance de la pêche des huîtres et du dragage des engrais marins en rade de Brest sont spécialement confiées, sous l'autorité du préfet maritime, à l'officier commandant les bâtiments garde-pêches, sans préjudice de l'action dévolue aux commissaires de l'inscription maritime et aux agents désignés au titre Ier du présent décret à l'égard de toutes les pêches.

ART. 422.

Règlement du service.

Cet officier réglera son service de manière :

1° A faire constamment surveiller les parties de la rade où le dragage est suspendu ou interdit;

2° A entretenir au moins une péniche sur les lieux et pendant les heures d'exploitation;

3° A placer des matelots en vigie sur les caps avancés de la rade d'où l'on peut apercevoir les mouvements des bateaux pêcheurs;

4° Enfin, à placer également des surveillants sur les principaux lieux de chargement et de déchargement des produits de la pêche.

ART. 423.

Consignes et ordres du jour.

Cet officier soumet au préfet maritime, par l'intermédiaire du commissaire de l'inscription maritime et du commissaire général de la marine, les projets de consigne ou d'ordre du jour qu'il y a lieu d'adopter pour le service du dragage en rade de Brest. Il se concerte avec le commandant du bâtiment stationnaire, ainsi qu'avec le syndic et les gardes maritimes, pour en obtenir le concours qui lui est nécessaire.

ART. 424.

Suspension provisoire de l'exploitation.

Le capitaine des bâtiments garde-pêches est autorisé à suspendre immédiatement le dragage, sauf à en rendre compte sans délai à l'autorité supérieure, lorsque des traces d'huîtrières sont reconnues sur les gisements de maërl et de goëmon, et quand il juge que, dans un intérêt de conservation, l'exploitation de l'un des produits sous-marins de la rade de Brest doit s'arrêter sur un ou plusieurs points qui sont toujours rigoureusement déterminés.

Le dragage du maërl doit cesser lorsqu'il n'y a plus qu'une efflorescence ou légère couche de ce produit.

Dans ces divers cas, l'autorité supérieure apprécie s'il y a lieu de convoquer la commission permanente de visite.

ART. 425.

Registre à tenir pour les opérations journalières de pêche.

Cet officier tient et fait tenir par les patrons des péniches des registres sur lesquels sont indiqués jour par jour les opérations de pêche qui ont été exécutées, le nombre et le numéro des bateaux qui y ont pris part, la nature et l'importance des produits obtenus, les contraventions qui ont été reconnues, les peines de police prononcées, enfin les diverses remarques faites sur la nature et la situation des fonds exploités.

De l'exercice du dragage.

ART. 426.

Admission des pêcheurs étrangers au littoral de la rade de Brest et de ses affluents à l'exploitation des huîtrières et amendements marins de cette rade.

Les patrons pêcheurs étrangers au littoral de la rade de Brest et de ses affluents ne peuvent être admis à l'exploitation des huîtrières, du maërl, des sables coquilliers et du goëmon rouge gisant en cette rade, que sous les réserves indiquées ci-après.

Ils doivent se munir de bateaux conformes aux prescriptions de l'article 417, et se présenter, du 1er au 25 août de chaque année, au bureau de l'inscription maritime à Brest, pour y déclarer leur intention de participer à cette exploitation.

Ils y sont admis après les pêcheurs du littoral de la rade de Brest et de ses affluents, et jusqu'à concurrence du nombre annuellement déterminé par le préfet maritime, qui statue à cet égard, d'après les rapports constatant l'état des huîtrières et d'après l'avis du commissaire de l'inscription maritime.

Cette décision est prise dans les derniers jours du mois d'août.

ART. 427.

Tirage au sort si le nombre des bateaux inscrits excède le nombre de ceux qui peuvent participer à la pêche.

Si le nombre des bateaux étrangers au littoral de la rade de Brest et de ses affluents, qui demandent à concourir à l'exploitation des huîtrières et amendements marins de cette rade, excède le chiffre des admissions déterminé par le préfet maritime, le commissaire de l'inscription maritime procède, en présence des réclamants, au tirage au sort des bateaux inscrits qui seront admis à participer au dragage.

Le résultat de cette opération est constaté par un procès-verbal.

ART. 428.

Déclaration obligatoire.

Il est défendu aux bateaux étrangers au littoral de la rade de Brest et de ses affluents de s'y livrer au dragage des huîtres et des amendements marins sans avoir préalablement fait la déclaration prescrite par l'article 426.

ART. 429.

Tous les patrons de bateaux draguant dans la rade de Brest sont assujettis aux mêmes obligations.

Les patrons de bateau admis au dragage dans la rade de Brest et ses affluents, concurremment avec ceux de ce littoral, sont assujettis à la même police et aux mêmes obligations.

ART. 430.

Inscription et bulletin nécessaires pour pouvoir draguer.

Nul bateau ne peut draguer en rade de Brest qu'après s'être fait inscrire au bureau de l'inscription maritime, avoir déclaré le genre de produits qu'il veut exploiter et avoir reçu un bulletin portant un numéro d'ordre.

ART. 431.

Lame de la drague à employer.

Les lames des dragues employées par ces bateaux n'excéderont pas $1^{m},66$ de longueur sur 68 millimètres de largeur.

ART. 432.

Division en séries des bateaux dragueurs.

Les bateaux autorisés à draguer dans la rade de Brest sont divisés en quatre séries, comprenant chacune le nombre de bateaux déterminé par l'administration de la marine, à raison du nombre total de ces bateaux.

Chaque semaine, le dragage des huîtres ne s'effectue que par deux séries qui alternent entre elles de deux jours l'un.

Les deux autres séries draguent de même la semaine suivante, de manière qu'il n'y ait jamais qu'une série draguant par jour et que deux séries draguant par semaine.

ART. 433.

Présence d'un garde-pêche pendant les opérations.

Le dragage ne peut se faire qu'en présence du bâtiment garde-pêche ou de l'une de ses péniches.

ART. 434.

Réunion auprès du garde-pêche des bateaux qui doivent draguer.

Au lever du soleil, chacun des bateaux pêcheurs se rend près du bâtiment garde-pêche mouillé sur le lieu du dragage, afin de justifier qu'il a obtenu l'autorisation de pêcher, et qu'il appartient à la série dont le tour est arrivé.

ART. 435.

Signaux pour commencer et pour finir la pêche.

Le bâtiment garde-pêche fait connaître, par des signaux convenus, quand le dragage peut commencer et doit finir.

Le dragage cesse une heure au moins avant le coucher du soleil.

ART. 436.

Examen par le garde-pêche du produit obtenu.

Au signal convenu, chacun des bateaux pêcheurs se rend à bord du bâtiment garde-pêche, qui examine le produit obtenu.

Lorsque les pêcheurs ont conservé à leur bord des huîtres au-dessous des dimensions réglementaires, le triage en est opéré sur l'un des points de la côte indiqué par l'officier garde-pêche.

ART. 437.

Passation des marchés.

Les marchés d'huîtres sont passés en présence d'une commission composée du commissaire de l'inscription maritime, de l'officier commandant les bâtiments garde-pêches, du syndic des gens de mer, de deux patrons de bateaux dragueurs, et, s'il y a lieu, de deux gardes-jurés.

Chacun de ces marchés détermine des quantités fixes, qui ne peuvent excéder le dixième du produit présumé de l'exploitation annuelle.

Le même marchand ne sera pas, autant que possible, titulaire de plusieurs marchés simultanément.

ART. 438.

Surveillance de l'officier commandant les bâtiments garde-pêches en ce qui concerne l'exécution des marchés.

L'officier commandant les bâtiments garde-pêches veille à ce que la plus grande bonne foi soit apportée, par les pêcheurs et par les marchands d'huîtres, dans l'exécution de leurs marchés.

Ve SECTION.

CONDITIONS D'ÉTABLISSEMENT DES PÊCHERIES, DES PARCS À HUÎTRES, À MOULES ET DES DÉPÔTS DE COQUILLAGES; CONDITIONS DE LEUR EXPLOITATION; RETS, FILETS, BATEAUX, INSTRUMENTS ET MATÉRIAUX QUI PEUVENT Y ÊTRE EMPLOYÉS.

Hauts parcs.

ART. 439.

Interdiction des hauts parcs dans le quartier de Brest.

Il est interdit de tendre des hauts parcs dans toute la circonscription du quartier de Brest.

Bas parcs.

ART. 440.

Même interdiction pour les bas parcs.

La même interdiction est applicable aux bas-parcs et à tous autres filets tendus sur les grèves au moyen de pieux.

Parcs à huîtres.

ART. 441.

Construction des parcs à huîtres.

Les parcs à huîtres sont construits en pierres sèches superposées, formant une enceinte dont l'ouverture, du côté de la mer, a au moins $1^{m},50$ de largeur.

Les murs de ces parcs n'excèdent pas un mètre de hauteur sur 65 centimètres de largeur.

Il est interdit d'employer dans leur construction du bois, du mortier ou du ciment.

Il est également défendu de clore, par un moyen quelconque, l'ouverture tournée du côté de la mer.

TITRE XXII.

DISPOSITIONS SPÉCIALES AU QUARTIER DE QUIMPER.

PREMIÈRE SECTION.

LIMITES DU QUARTIER DE QUIMPER.

ART. 442.

Limites du quartier de Quimper.

Le littoral du quartier de Quimper est limité, au nord, par le ruisseau du Moulin (commune de Saint-Nic), et, au sud, par la rivière de l'Odet.

IIe SECTION.

ÉPOQUE D'OUVERTURE ET DE CLÔTURE DES DIFFÉRENTES PÊCHES.

Pêche des homards et des langoustes.

ART. 443.

La pêche des homards et des langoustes est interdite du 30 avril au 1er août.

Pêche des homards et des langoustes.

IIIe SECTION.

RETS, FILETS, ENGINS ET INSTRUMENTS DE PÊCHE, PROCÉDÉS ET MODES DE PÊCHE PERMIS.

ART. 444.

Les rets, filets, engins, instruments, procédés et modes de pêche dont l'usage est permis dans le quartier de Quimper, sous les conditions énoncées en l'article 56 des dispositions générales et moyennant celles qui suivent, sont :

Rets, filets, engins et instruments de pêche permis.

1° Les folles;
2° Les demi-folles;
3° Les tramaux sédentaires;
4° Les picots;
5° Le chalut, dont l'emploi est autorisé à neuf milles au large de la laisse de basse mer du 1er mai au 31 octobre, et à un mille et demi au large de la laisse de basse mer, du 1er novembre au 30 avril :
L'usage de cet engin est interdit, pendant toute l'année, dans la baie de Douarnenez;
6° La grande seine à jet :
L'usage de ce filet est prohibé du 1er mai au 1er juillet;
7° La seine à prêtres;
8° Les rets à sardine;
9° Les rets à hareng;
10° Le filet à saumon;
11° Les dards ou foènes;
12° Le havenet à chevrettes :
L'usage de cet engin est interdit du 1er mai au 1er juillet;
13° Les bouteux et autres instruments servant à la pêche des chevrettes :
L'usage de ces engins est prohibé du 1er mai au 1er juillet;

14° Les chaudières et autres instruments sédentaires;

15° La drague à huîtres, à maërl et à sables coquilliers:

Cet engin ne peut être employé qu'à la pêche des huîtres et des amendements marins, avec des bateaux pontés ou non pontés de 3 tonneaux au moins; toutefois, dans les baies closes et dans les baies de Quimper et de Pont-l'Abbé, ce dragage peut se faire avec des bateaux de toute dimension;

Le dragage du maërl et des sables coquilliers ne se fera qu'avec des bateaux conduits par des inscrits maritimes et pourvus de rôles d'équipage;

16° La drague à moules;

17° Les claies, paniers, bouraques et autres engins employés à la pêche des crabes, homards, rocailles et autres poissons à croûte;

18° Les verveux, varveux ou louves;

19° Le croc en fer;

20° L'hameçon;

21° Les couteaux, crochets, pelles en bois ou en fer.

IVe SECTION.

DISPOSITIONS SPÉCIALES PROPRES À PRÉVENIR LA DESTRUCTION DU FRAI ET À ASSURER LA CONSERVATION DU POISSON ET DU COQUILLAGE, NOTAMMENT CELLES RELATIVES À LA RÉCOLTE DES HERBES MARINES; CLASSIFICATION DU POISSON RÉPUTÉ FRAI; DIMENSIONS AU-DESSOUS DESQUELLES LES DIVERSES ESPÈCES DE POISSONS OU DE COQUILLAGES NE POURRONT PAS ÊTRE PÊCHÉES ET DEVRONT ÊTRE REJETÉES À LA MER, OU, POUR LES COQUILLAGES, DÉPOSÉES EN DES LIEUX DÉTERMINÉS.

Pêche des huîtres.

ART. 445.

Visite annuelle des huîtrières.

La commission chargée de la recherche et de la visite des huîtrières est composée, dans chaque syndicat où se fait la pêche des huîtres, du syndic des gens de mer, de deux gardes maritimes, ou d'un garde maritime et d'un garde-juré, et de trois patrons de bateaux pêcheurs.

ART. 446.

Visite des produits de pêche.

Dans les localités où les pêcheurs transportent eux-mêmes leurs huîtres sur les marchés, elles sont visitées à bord des bateaux, avant ou pendant le débarquement, par les agents de la marine, qui s'assurent si le triage a été bien fait.

Vᵉ SECTION.

CONDITIONS D'ÉTABLISSEMENT DES PÊCHERIES, DES PARCS À HUÎTRES, À MOULES, ET DES DÉPÔTS DE COQUILLAGES; CONDITIONS DE LEUR EXPLOITATION; RETS, FILETS, BATEAUX, INSTRUMENTS ET MATÉRIAUX QUI PEUVENT Y ÊTRE EMPLOYÉS.

Hauts parcs.

ART. 447.

Il est interdit de tendre des hauts parcs dans toute la circonscription du quartier de Quimper.

Interdiction des hauts parcs dans le quartier de Quimper.

Bas parcs.

ART. 448.

La même interdiction est applicable aux bas parcs et à tous autres filets tendus sur les grèves au moyen de pieux.

Même interdiction pour les bas parcs.

Parcs à huîtres.

ART. 449.

Les parcs à huîtres sont faits au moyen d'un clayonnage double ou simple, fixé sur des pieux ayant au plus 50 millimètres de diamètre, et dont la hauteur n'excède pas 500 millimètres au-dessus du sol.

Construction des parcs à huîtres.

L'intervalle compris entre le double clayonnage peut être rempli de paille ou de vase, de manière à retenir l'eau à volonté.

ART. 2. Notre ministre secrétaire d'État au département de la marine et des colonies est chargé de l'exécution du présent décret, qui sera inséré au *Bulletin des lois* et au *Bulletin officiel de la marine*.

Fait au palais de Saint-Cloud, le 4 juillet 1853.

Signé NAPOLÉON.

Par l'Empereur :

Le Ministre Secrétaire d'État au département de la marine et des colonies,

Signé TH. DUCOS.

IMPRIMERIE IMPÉRIALE. — Juillet 1853.

TABLE ALPHABÉTIQUE ET ANALYTIQUE

DES MATIÈRES,

CONTENUES DANS LE DÉCRET DU 4 JUILLET 1853,

PORTANT RÈGLEMENT

SUR LA PÊCHE MARITIME CÔTIÈRE

DANS

L'ARRONDISSEMENT DE BREST (1).

A

(1) Les chiffres placés *entre parenthèses* dans le corps de la présente table indiquent les numéros des articles du décret auxquels on doit se reporter.

B

C

rité sur les gendarmes de la marine (28). — Défenses (29). — Président les assemblées de pêcheurs; à qui ils peuvent déléguer cette présidence (33). — Apposent leur *vu-payer* sur le procès-verbal des séances des communautés où il a été statué sur l'emploi des fonds (37). — Cotent et paraphent les registres des communautés (41). — Compte à leur rendre par les patrons qui ont laissé des filets pleins à la mer et par ceux qui les ont relevés (70); — par les pêcheurs qui ont perdu ou trouvé des filets (82). — Désignation des jours de sortie pour la pêche des huîtres, concertée avec les commissaires de l'inscription maritime (85). — Font procéder par les commissions compétentes à la visite annuelle des bancs d'huîtres (90). — Transmettent les rapports de ces commissions, avec l'expression de leur opinion, à l'administrateur supérieur du sous-arrondissement (94). — Compte à leur rendre par les officiers ou agents qui ont suspendu la pêche des huîtres sur les bancs en exploitation : réunissent la commission de visite; direction qu'ils donnent au rapport de cette commission; avis qui doit l'accompagner (96). — Déclaration que doit leur faire celui qui a découvert un nouveau banc d'huîtres (97). — Désignent les bateaux pêcheurs qui effectueront, sur les bancs, le report des petites huîtres (100). — Déterminent les lieux où les dragues seront déposées (103). — Prononcent définitivement, en cas de contestation, sur la répartition des huîtres mélangées (104). — L'autorité municipale doit leur indiquer les jours par elle fixés pour la coupe du goëmon de rive (112). — Notification du présent décret aux détenteurs de parcs et pêcheries (145). — Recensement général des pêcheries qu'ils doivent opérer; par qui secondés; procès-verbal à dresser (146). — État descriptif des établissements de pêcheries à établir par leurs soins; direction qu'il reçoit (147). — Registre des pêcheries à tenir dans les quartiers (148). — Dans quel cas ils peuvent autoriser la jouissance provisoire des parcs, dépôts ou étalages (181). — Déclaration qui doit leur être faite par ceux qui font habituellement la pêche à pied avec filets (187). — Arrêtent chaque année la liste des personnes qui demandent à faire la pêche dans les bassins ou ports de commerce, et choisissent les plus méritantes (190). — Déterminent l'époque de la visite annuelle des bateaux pêcheurs (202). — Procurations qu'ils doivent viser (303). — Les recettes et les dépenses des communautés s'opèrent sur leurs mandats : — *Granville* (220). — Examinent le compte annuel des communautés; direction qu'il reçoit : — *Granville* (221), *Saint-Malo* (275). — Rapport à leur transmettre, en cas d'infraction, lors de la sortie des bateaux pour la pêche des huîtres : — *Granville* (228). — Donnent leur avis sur le nombre de bateaux étrangers qui peuvent être admis à concourir à la pêche des huîtres : — *Granville* (231), *Saint-Malo* (286), *Paimpol* (390). — En présence de quels agents ils procèdent au tirage au sort des bateaux inscrits excédant le nombre de ceux qui peuvent participer à la pêche; procès-verbal à dresser; de quelle manière les pêcheurs sont informés, à Granville et à Régneville, du résultat de l'opération : — *Granville* (232), *Saint-Malo* (319), *Saint-Brieuc* (370), *Brest* (427). — Compte à leur rendre lorsque, par suite d'encombrement d'huîtres sur le parc commun, la sortie des bateaux est interdite : — *Granville* (235). — Passent, à la fin de chaque année, l'inspection des parcs et des étalages : — *Granville* (262), *Saint-Malo* (331, 339). — Prononcent sur les exclusions des marchés d'huîtres : — *Saint-Malo* (302). — Reçoivent la déclaration des patrons étrangers qui demandent à concourir à l'exploitation des huîtrières

D

E

F

G

H

I

(*a*) Les dispositions *soulignées* sont communes aux inspecteurs des pêches et aux syndics des gens de mer, à défaut d'inspecteurs des pêches.

L

M

N

O

P

(a) Les dispositions *soulignées* sont communes au préfet maritime et au chef du service de la marine à Saint-Servan.

Q

R

S

T

U

V

Z

FIN DE LA TABLE ALPHABÉTIQUE ET ANALYTIQUE DES MATIÈRES.

www.ingramcontent.com/pod-product-compliance
Ingram Content Group UK Ltd.
Pitfield, Milton Keynes, MK11 3LW, UK
UKHW021148260726
13994UKWH00001B/352